Ratgeber

Diskus im Schauaquarium

Bernd Degen

Herstellung und Gestaltung: bede-Verlag

ISBN 3-931 792-11-0

INHALT

Vorwort

Sicherlich ein Traum jeden Süsswasseraquarianers ist die Pflege von Diskusfischen. Diskusfische gelten als schwierig zu pflegende und nachzuzüchtende Zierfische. Dies mag auch ein Grund sein, weshalb Diskusfische meist in uneingerichteten Aquarien ohne Bodengrund gehältert werden. In solchen Aquarien läßt sich die Wasserhygiene besser in den Griff bekommen.
Doch irgendwann reift der Gedanke, Diskufische einmal in einem Pflanzenaquarium zu pflegen. Leider werden dann viele Fehler gemacht, die dieses Vorhaben zum scheitern verurteilen. Um solche Fehler zu vermeiden, wurde dieses Buch geschrieben. Diskusfische können durchaus in einem eingerichteten Aquarium bei entsprechenden Vorsichtsmaßnahmen gehältert werden.
Natürlich stellt sich der Liebhaber von einem Schauaquarium für Diskusfische ein schön bepflanztes Aquarium vor. In der Regel soll ein solches Aquarium ja auch im Wohnzimmer stehen und als Mittelpunkt des Wohnraumes dienen. Die richtigen Pflanzen für ein solches Diskusaquarium zu finden, ist nicht immer einfach und deshalb wurde Herr Ludwig Dennerle gebeten, passende und gut haltbare Aquarienpflanzen für ein solches Diskusschauaquarium auszusuchen.
Diskusfische in einem prächtigen Pflanzenaquarium zu pflegen, muß also kein Wunschtraum bleiben, wenn Sie die Ratschläge dieses Buches befolgen. Ich wünsche Ihnen in jedem Falle viel Erfolg und Spaß beim Einrichten Ihres nächsten Schauaquariums.

Bernd Degen

Das Schauaquarium

Warum Diskus im Schauaquarium?
Diese Frage ist eigentlich ganz einfach damit zu beantworten, daß Aquarianer Ihre Fische einfach gern in schön bepflanzten Aquarien pflegen möchten. Die kahlen Diskuszuchtbecken sind nicht jedermanns Sache, was ja auch verständlich ist. Diskusfische erfolgreich und in entsprechender Stückzahl nachzuzüchten, ist in einem sterilen Zuchtaquarium wesentlich einfacher. Diese Zuchtaquarien besitzen keinerlei Bodengrund und die Einrichtung besteht meist nur aus einem Keramiktopf, welcher zum Ablaichen dient. Durch die Fütterung der vielen Jungfische verschmutzt das Wasser sehr schnell und durch die Ausscheidungsprodukte und Futterreste, wird es erforderlich, täglich einen Teilwasserwechsel durchzuführen. Dies alles läßt sich in einem nicht eingerichteten Aquarium viel einfacher durchführen. Auch die Aufzucht der Jung-

rechts: Typisches Hälterungsaquarium für Diskusfische zu Zuchtzwecken. Hier wird auf einer Einrichtung und einem Bodengrund völlig verzichtet, um die Wasserqualität ständig auf optimalen Zuchtwerten halten zu können. Einziger Einrichtungsgegenstand ist meist die Tongrabvase, die zum Ablegen der Eier dient. Ein solch nüchternes Aquarium kann schnell verdeutlichen, weshalb sich Diskusliebhaber auch einmal nach einem eingerichteten Schauaquarium sehnen.

links: Perfektes Schauaquarium mit ausgewogener Bepflanzung. In so einem großen Schauaquarium ist es günstig, ausgewachsene Diskusfische zu pflegen. Kleine Diskusfische können im dicht bepflanzten Schauaquarium in der Hälterung sehr problematisch sein. Ein solch bepflanztes Aquarium kann mit Beifischen wie z. B. Salmlern aller Art, Zwergcichliden und friedlichen Welsen besetzt werden.
Foto: Rolf Killian

Während der Trockenzeit sind am Flußufer des Rio Negro riesige Sandbänke mit Bäumen und Wurzeln zu sehen. Diese Ufer sind während der Hälfte des Jahres vollständig überschwemmt und dann leben Diskusfische zwischen diesen Wurzeln und auf fast weißem Sandboden. Dieser Sand ist sehr fein und kommt der Freßgewohnheit von Diskusfischen sehr entgegen, denn sie blasen gerne in den Bodengrund, um nach Freßbarem zu suchen.

fische, kann in einem reinen Aufzuchtaquarium ohne Einrichtung viel problemloser von statten gehen. In eingerichteten Aquarien ist es immer schwierig, alle Bewohner dieses Aquariums ständig zu kontrollieren und so auch festzustellen, ob jeder Fisch sich wohl fühlt, gesund ist und bestens frißt. Oft können sich die Diskusfische in eingerichteten Aquarien so verstecken, daß es für den Pfleger fast unmöglich ist, sie zu kontrollieren.
Sich dennoch ein Diskusschauaquarium einzurichten, ist aber ein lobenswerter Vorsatz, denn warum sollte man nicht zumindest parallel ein schönes Diskusaquarium besitzen. Diskusfische fühlen sich in eingerichteten Aquarien sicherlich genauso wohl oder vielleicht wohler, als in einem sterilen Aufzuchtaquarium.

Riesige Bestände von Schwimmpflanzen, wie hier Eichhornia sind typisch für die Überschwemmungsgebiete im brasilianischen Dschungel. Unter diesen Schwimmpflanzendecken können sich alle Arten von Fischen, auch Diskusfische sehr gut verstecken.

Wie sieht es in der Natur aus?

Diskusfische in bepflanzten Aquarien zu pflegen stößt bei manchen Diskusliebhabern auf Widerstand, da diese der Meinung sind, daß in den Flüssen Brasiliens, wo Diskusfische leben, kaum Wasserpflanzen vorkommen. Dies ist jedoch nur bedingt richtig, denn Diskusfische halten sich in erster Linie in Ufernähe der Flüsse und in großen Seen in Überschwemmungsgebieten auf. Entlang der Flußufer befinden sich sehr viele Wurzeln und Gehölz im Wasser, so daß viele Unterstandmöglichkeiten für Diskusfische gegeben sind. In den Überschwemmungsgebieten wachsen natürlich auch Wasserpflanzen und teilweise sind schwimmende Inseln mit dichtem Grasbestand Teile dieser Landschaft. Auch Schwimmpflanzen decken große Gebiete fast flächig ab. Hinzu kommt, daß in den Überschwemmungsgebieten riesige Mengen von Büschen und Bäumen unter Wasser stehen, so daß das Laubwerk dieser Bäume optisch die Funktion von Wasserpflanzen übernimmt. Das heißt, daß

Typisches Überschwemmungsgebiet im Bereich des Rio Negro mit Schwarzwasser. Die untergetauchten, überschwemmten Büsche, bilden vergleichbare Unterwasserlandschaften, wie wir sie in Pflanzenaquarien unseren Diskusfischen bieten könnten. Es ist also keinesfalls artfremd, wenn Diskusfische in entsprechend bepflanzten Großaquarien gepflegt werden.

Aquarienpflanzen werden in Aquarien immer in großer Vielfalt angepflanzt, damit das Aquarium sehr attraktiv aussieht. In der Natur sind solche Pflanzenmischungen nur selten anzutreffen. Meist dominiert eine Pflanzenart für einen größeren Bereich innerhalb eines Flußes. Die Natur ist also wesentlich monotoner als das bepflanzte Aquarium.

tatsächlich die Diskusfische zwischen größeren Mengen untergetauchter Blätter leben. Wer einmal selbst in Brasilien Diskusfische gefangen hat, kann dies bestätigen und somit ist die Brücke zu den bepflanzten Schauaquarien schnell geschlagen. Was spricht also dagegen, den Diskusfischen in unseren Heimaquarien auch Wasserpflanzen als Sauerstoffspender und Versteckmöglichkeit anzubieten.

Natürlich sind Wasserpflanzenansammlungen in der Natur anders gelagert, als im Aquarium. Im Aquarium neigen wir Aquarianer dazu, schnell ein Dutzend der verschiedensten Wasserpflanzen zusammenzumischen und damit das Aquarium zu bepflanzen. In der Natur ist es meist so, daß entlang eines Flußlaufes mehrere hundert Meter von einer einzigen Wasserpflanzenart belegt werden und dann erscheint an der nächsten Flußbiegung erst wieder eine andere Pflanzenart. So gesehen ist jedes Aquarium eigentlich keine genaue Kopie der natürlichen Verhältnisse. Ein Aquarium muß immer ein Provisorium bleiben und wir Aquarianer müssen das Beste daraus machen. Die Natur zu kopieren, ist sowieso nicht möglich und es kann immer nur Stückwerk sein, wenn wir vorhaben, eine Kopie herzustellen.

Welche Art des Schauaquariums?

Durch die Größe der Diskusfische ist die Größe des Schauaquariums in seinen Mindestmaßen schon fast vorgegeben. Es macht sicher wenig Sinn, ein Diskusschauaquarium mit 160 Litern Wasserinhalt einzurichten. Obwohl es durchaus denkbar wäre, nur ein Diskuspaar in einem Aquarium zu pflegen. Doch auch hier darf man den Platzbedarf für zwei solche Fische nicht unterschätzen. In einem unein-

Diskusschauaquarien können als Möbelstück in den Wohnbereich integriert werden. Hierbei ist Kreativität angesagt und jeder Aquarianer kann sich sein eigenes Schauaquarium schaffen. Foto: Rainer Ohligs

Durch geschickte Auswahl der Holzverkleidung eines Aquariums, kann dieses perfekt in den Wohnraum integriert werden. So läßt sich heute jede Wohnstilrichtung perfekt mit einem Aquarium ergänzen. Gibt es etwas schöneres als ein bepflanztes Aquarium mit Diskusfischen als Mittelpunkt eines Wohnzimmers? Foto: Günter Baurecht

gerichteten Zuchtaquarium mit 100 Litern Wasserinhalt, kann man durchaus ein Diskuspärchen pflegen. In einem eingerichteten Aquarien mit Wasserpflanzen und Bodengrund, wird dieses Vorhaben allerdings schon schwieriger. Die Fische fühlen sich nicht so wohl, denn sie benötigen entsprechend viel Schwimmraum und Versteckmöglichkeiten. Die Mindesthöhe für ein Diskusaquarium sollte 50cm betragen, wobei eine Höhe von 60cm gerade bei einem Schauaquarium viel attraktiver ist. Oft sind Aquarien in der Tiefe unzureichend. Eine Mindesttiefe von 50cm wäre günstig. Wobei auch hier eine Tiefe von 60cm einfach mehr Einrichtungsmöglichkeiten bietet. Die Breite des Aquariums richtet sich nach den Möglichkeiten, die man in seinem Wohnraum besitzt. Nicht jeder Aquarianer hat die Möglichkeit, ein 2m breites Aquarium aufzustellen. Ein Mindesbreite von 1,20m wäre für ein Schauaquarium schon wichtig. Nach oben sind natürlich fast keine Grenzen gesetzt.

Ein Schauaquarium dient ja letztendlich der Schau, wie der Name schon sagt. Deshalb sind auch von der Norm abweichende Aquarienformen sicherlich nicht uninteressant. Manchmal gibt es dabei aber auch Extreme, die dann Probleme mit sich bringen. So ist eine maximale Aquarienhöhe von 80cm nicht zu überschreiten, denn die Beleuchtung eines solchen Aquariums bringt schnell Probleme mit sich und das Pflanzenwachstum reduziert sich entsprechend.

Ein Schauaquarium für Diskusfische muß nicht zwangsläufig auch ein Pflanzenaquarium sein. Auch ein mit interessanten Wurzeln ausgestattetes Aqua-

Schauaquarium von Rainer Jessen.

Schauaquarium von U. Gryschkewitz.

Schauaquarium von Harald Legner.

Schauaquarium von J. Steffen.

Schauaquarium von Hermann Gatterweh.

Schauaquarium von Dieter Bachmann.

Schauaquarium mit Schwerpunkt auf Wurzeleinrichtung. Selbstverständlich ist ein solches mit verschiedenen Wurzeln eingerichtetes Diskusaquarium ebenfalls sehr attraktiv. Wird als Kontrast ein heller Sandboden gewählt, dann ist auch ein solches Aquarium ein perfekter Mittelpunkt für einen Wohnraum. Wurzeln sind immer wieder auf ein Vermodern zu kontrollieren.

rium mit einem Sandboden und einigen schönen Steinen sieht sehr schön aus und vermittelt schnell den Eindruck des typischen Diskusaquariums. Diskusfische und Wurzeln stehen immer in irgendeiner Beziehung zueinander. Jedoch muß bei reichlicher Verwendung von Wurzeln, schon unbedingt darauf geachtet werden, daß diese nicht zuviel Huminstoffe an das Wasser abgeben. Schnell färben Wurzeln das Aquarienwasser bräunlich und durch austretende Gerbsäure kann der pH-Wert nach unten absinken. Aquarien mit reichlich Wurzelwerk sind ständig zu überprüfen.

Im Fachhandel gibt es die verschiedensten Aquarientypen und so läßt sich mit Sicherheit das passende Aquarium für zu Hause finden. Auch kleinere Aquarien sind durchaus für die Pflege von Diskusfischen geeignet, wenn die Einrichtung passend ausgewählt wird. Hier dominiert im Vordergrund ein Aquarienrasen aus Echinodoruspflanzen, was den Diskusfischen sicherlich entgegenkommt. Das Aquarium wurde oben offen gewählt, damit die Wasserpflanzen sogar aus dem Aquarium herauswachsen können. Mit Zierpflanzen wurde die Umgebung des Aquariums noch zusätzlich begrünt.
Foto: Rüdiger Wahl

Vorüberlegungen für einen reibungslosen Betrieb

Ein Schauaquarium mit Bepflanzung und Bodengrund erfordert mehr Aufmerksamkeit des Pflegers als ein nacktes Aufzuchtaquarium. Für einen reibungslosen Betrieb sind gesunde Fische die erste Voraussetzung. Bereits dieser erste Punkt wird selten genügend gewürdigt. In der Praxis ist es so, daß das Aquarium eingerichtet wird und dann möglichst schnell und übereilt die Fische eingesetzt werden. Kaum ein Aquarianer nimmt sich die Zeit, ein Aquarium richtig einlaufen zu lassen. Und wenn das Thema Quarantäne von Fischen angesprochen wird, dann wird hier auch meist nicht sorgsam genug gearbeitet. Unter Quarantäne verstehen viele Aquarianer eine tageweise Beobachtung der Fische. Werden Diskusfische unter Quarantäne gestellt, kann dies bei ausgewachsenen Tieren bedeuten, daß diese zwei bis drei Monate in einem separaten Aquarium gepflegt und beobachtet werden. Wenn Sie ein Aquarium komplett neu einrichten und den gesamten Fischbesatz auf einmal zusetzen, dann können Sie sicherlich mit der Quarantänezeit etwas lockerer umgehen. Werden jedoch immer wieder Fische nachgekauft und zum alten Bestand gesetzt, dann ist eine strenge Quarantäne Voraussetzung, Problemen aus dem Weg zu gehen. Selbst völlig gesund aussehende Diskusfische müssen eine Quarantänezeit durchlaufen. Sehr schnell wird der geübte Diskusbesitzer feststellen können, ob sich seine Diskusfische wohlfühlen und gesund sind. Gesunde Diskusfische sind lebhaft, fressen gut und schwimmen eifrig umher. Kranke Diskusfische beginnen dunkel zu werden,

Bevor Diskusfische z. B. mit Skalaren zusammen gepflegt werden, müssen nicht nur die Diskus, sondern auch die Beifische eine Quaratäne durchlaufen, damit gewährleistet ist, daß keine Krankheiten übertragen werden können. Erst dann wird man für längere Zeit Freude an einem solch schönen Schauaquarium besitzen. Foto: Rolf Killian

das Fressen einzustellen und scheu in der Ecke zu stehen. Zeigen Diskusfische glasigen weißlichen Kot, so sind dies ebenfalls Alarmsignale für den Diskusliebhaber. Auch das Scheuern an Einrichtungsgegenständen oder das Atmen auf nur einer Kieme ist bedenklich. In solchen Fällen müssen Medikamente eingesetzt werden, um die Diskusfische von ihrer Krankheit zu heilen. Im Handel gibt es Spezialliteratur für die Behandlung kranker Diskusfische und hinzuweisen ist auf die beiden Standardwerke von Dieter Untergasser „Gesunde Diskus und andere Großcichliden" Band I und Band II.
Doch nicht nur die Diskusfische müssen in Quarantäne gehalten werden, sondern auch die Beifische, die mit ihnen zusammen im Aquarium gepflegt werden sollen. Bei einer Medikamentenbehandlung ist jedoch zu berücksichtigen, daß die meisten Welsarten sehr schlecht auf Medikamenteneinsatz reagieren. Einige typische Diskusmedikamente bedeuten für Welse oft den Tod. Unterschätzen Sie bitte die Gefahr der Krankheitseinschleppung durch Beifische nicht. So mancher Diskusliebhaber hat sich durch den Nachkauf von Schmetterlingsbuntbarschen, die ideale Beifische für Diskusfische sind, Kiemenwürmer oder sonstige Parasiten eingeschleppt, die den Diskusfischen dann viele Probleme bereitet haben. Sorgfalt ist hier also oberstes Gebot.

Das Aquarium

Wenn Sie sich Ihr Diskusschauaquarium erst anschaffen müssen, dann achten Sie bitte darauf, daß sie ein hochwertig geklebtes Aquarium kaufen. Die Kanten eines solchen Aquariums sollten selbstverständlich geschliffen sein und eine Wulstverklebung mit Silikon, ist so ziemlich das Beste was im Moment möglich ist. Aquarien mit Metallrahmen sind im Moment aus der Mode gekommen und Aquarien ohne Rahmen, mit Silikonverklebung sind absoluter Standard und können bedenkenlos eingesetzt werden.
Die Einrichtung eines Aquariums fängt bereits mit der Auswahl des richtigen Standplatzes an. Schon hier können erste Probleme aus dem Weg geschafft werden, wenn man sich überlegt, wo das Aquarium am besten steht. Aquarien die eingerichtet sind, sind sehr schwer, denn schließlich wiegt jeder Liter Wasser ja ein Kilogramm. Hinzu kommt das erhebliche Glasgewicht, eventuell ein Untergestell und die Einrichtung wie Sand und Stein, was auch nicht zu unterschätzen ist. Schnell können bei einem solchen Schauaquarium 1000kg zusammenkommen. Dieses großes Gewicht konzentriert sich dann auf eine relativ kleine Standfläche. In normalen modernen Wohngebäuden ist dies eigentlich alles kein statisches Problem, viel wichtiger ist, daß das Aquarium gerade steht, damit es keine Spannungsbelastungen gibt, die letztendlich zu Rissen führen können.
Das Aquarium sollte in der Regel so aufgestellt

Der Standort des Aquariums muß so gewählt werden, daß möglichst wenig Tageslicht direkt in das Aquarium einfallen kann. Hier wurde durch die Aufstellung an einer Innenwand bestens erfüllt. Das 3m lange Aquarium besitzt Technik in einem Seitenteil und unter dem Aquarium. Hier wurde der Begriff Schauaquarium bestens gelöst. In diesen Aquarium dominieren Wurzeln als Einrichtungsgegenstände.

Ein perfektes Beispiel für das Thema Wohnen mit einem Aquarium. Das Aquarium wurde sehr schön auf einem Holzsockel installiert. Zusätzlich wurde neben dem Aquarium noch ein offener Pflanzenteil angebracht, der die ganze Ansicht auflockert.
Foto: Hubert Stromer

werden, daß es vom Sessel aus bequem beobachtet werden kann. Eine Sockelmindesthöhe von 60cm ist aber dennoch anzuraten. Messen Sie doch einfach einmal mit einem Meterstab ab, in welcher Höhe sich Ihre Augen befinden, wenn Sie in Ihrem Sessel sitzen. Wenn Sie von dieser Höhenangabe 20-30cm abziehen, dann hätten Sie das Maß der Sockeloberkante.
Ein solches Diskusschauaquarium kann auf einem Unterschrank stehen, welcher gleichzeitig als Versteck für den Filter dienen kann. Auch sind in einem solchen Unterschrank Utensilien wie Futterdosen oder Netze leicht unterzubringen. Auch ein gemauerter Sockel ist möglich oder große, schwere Aquarien können auf Bimbsbetonsteine gestellt werden. Für den Unterbau ist fast alles möglich, was stabil genug ist, um das Aquarium dauerhaft und erschütterungsfrei zu tragen.
Um Spannungen auf der Bodenplatte gar nicht erst aufkommen zu lassen, ist es günstig, wenn das Aquarium auf einer Styroporschaumplatte steht, die einige Millimeter nachgibt und so Spannungen ausgleicht.
Da Ihr Aquarium auch Strom benötigt, ist es günstig, wenn sich in der Nähe eine Steckdose befindet. Elektrische Aquariengeräte aus dem Fachhandel besitzen ein Prüfzeichen und sind ziemlich sicher in der Handhabung, dennoch ist es empfehlenswert bei größeren Arbeiten im Aquarium den Stromfluß zu unterbrechen. Übrigens gibt es sogenannte FI-Schutzschalter, auch in Kombination mit Steckdosen, so daß ein einzelnes Aquarium über diesen FI-Schutzschalter abgesichert werden kann.
Wasserpflanzen benötigen viel Licht, damit sie gut wachsen. Allerdings dürfen Aquarien dennoch nicht dem Tageslicht zu stark ausgesetzt werden, denn direkte Sonneneinstrahlung in das Aquarium, ruft

rechts: Schauaquarium mit im Unterschrank eingebauter Technik. Das Aquarium ist oben offen, damit die Pflanzen herauswachsen können. Viele Froschlöffelarten können in solchen Aquarien auch Blütenstände ansetzen.
Foto: Dirk Rauch

unten: Im Unterschrank des Aquariums befindet sich die gesamte Technik. Zu sehen ist ein Mehrkammer-Biofilter und ein zusätzlicher Schnellfilter. Im Vordergrund die Kohlendioxidflasche, mit welcher Kohlendioxid zur Düngung in das Aquarium gelangt.
Foto: Dirk Rauch

meist Algenprobleme hervor. Künstliches Licht ist angesagt für Schauaquarien. Doch dazu später mehr. Natürliches Licht und Sonneneinfall ist also zu vermeiden und deshalb darf ein Aquarium nicht zu nahe an ein Fenster gestellt werden. In einem Zimmer mit einem Fenster nach Osten, fällt sanfte Morgensonne ein, die für das Aquarium nicht unbedingt schädlich ist, doch eine Besonnung von mehr als zwei bis drei Stunden ist in jedem Falle zu vermeiden. Bei Zimmern mit Fenster nach Süden ist der direkte Einfall der Abendsonne unbedingt zu vermeiden, denn sonst ist das Algenproblem vorprogrammiert. Übrigens ist auch die Westsonne für ein Aquarium völlig ungeeignet. Bei einem Zimmer mit einem Fenster nach Norden hat das sanfte Tageslicht kaum einen negativen Einfluß auf das Algenwachstum.

Wenn Sie also Ihr Aquarium ausgewählt und aufgestellt haben, können Sie sich schon langsam mit der Einrichtung desselben beschäftigen. Damit ein Aquarium auch gut aussieht, muß es eine entsprechend schön gestaltete Rückwand besitzen. Die einfachste Art eine Rückwand an ein Aquarium anzubringen ist die Beklebung von aussen mit einer farbigen Kunststofffolie. Verwenden Sie allerdings hierfür nicht eine zu dunkle Farbe, denn dunkle Rückwände schlucken sehr viel Licht. Zwar sieht man oft auf Schaufotos schwarze Rückwände, doch werden diese Aquarien dann sehr aufwendig ausgeleuchtet, um solche Fotos zu machen. Bewährt hat sich ein mittleres Blau oder ein helles Grün, sowie ein helles Braun. Eine andere Möglichkeit zur Gestaltung der Aquarienrückwand, wäre das Bekleben mit Pflanzenbildern. Solche Pflanzenbildrückwände gibt es von der Rolle im Fachhandel. Ebenfalls im Fachhandel erhalten Sie Strukturwände aus Kunststoffen, die Sie von innen in das Aquarium kleben können. Auf diesem Gebiet hat sich in den letzten Jahren einiges getan und inzwischen sind

Als Hintergrund für ein Aquarium bieten sich neben verschiedenen Folien und Fotorückwänden auch Korkrückwände an. Am einfachsten ist es, das Aquarium von hinten mit Korkplatten zu bekleben.
Foto: Bernhard Köstenberger

ganze Landschaften zum Einkleben in das Aquarium erhältlich. Diese speziellen Innenrückwände sehen teilweise toll aus. Leider tragen diese Strukturrückwände zum Teil etwas auf und es geht einiges an Schwimmraum verloren. Deshalb ist es beim Einsatz solcher großer Rückwanddekorationen günstig, wenn die Aquarientiefe so tief als möglich gewählt werden kann, um den Verlust durch die Rückwand wieder auszugleichen.

Richtiger Bodengrund

Welches ist der richtige Bodengrund für ein Diskusschauaquarium? Wenn wir in die Natur schauen, werden wir feststellen, daß z.B. Flüsse wie der Rio Negro in Brasilien riesige Sandbänke besitzen. Feiner Sand ist hier der normale Bodengrund. Natürlich sind in einem solchen Fluß die Wasserverhältnisse ganz anders, als in einem kleinen Aquarium. Dieser Punkt darf nicht übersehen werden. Dennoch ist Flußsand durchaus ein akzeptabler und schöner Bodengrund für ein Diskusschauaquarium.

Wenn Sie Kies verwenden wollen, müssen Sie darauf achten, daß die Körnung nicht zu grob ist, denn Diskusfische mögen solche Bodengründe nicht. Sie lieben es, in den Bodengrund zu blasen, um Freßbares zu suchen. Der feinere Bodengrund, wie z.B. Flußsand, hat den Vorteil, daß Futterreste nicht so einfach darin verschwinden können. Bei groberem Kies stellt sich sehr schnell diese Problematik, denn Futterreste verschwinden unerreichbar für die Fische, zwischen den kleinen Spalten, die sich hier bilden.
Vielen Problemen mit dem Bodengrund können Sie durch eine Bodenheizung erfolgreich begegnen. Leider hat sich der Einsatz einer Bodenheizung im Bodengrund, in der Aquaristik

Auch in einem Aquarium mit kompletter Einrichtung und Bodengrund lassen sich herrliche Diskusfische heranziehen. Dieser sehr große Diskusfisch wurde in diesem Aquarium aufgezogen. Er erreichte eine Körpergröße von über 18cm. Als Bodengrund wurde gewaschener Flußsand ausgewählt. Auf den Wurzeln wurde Javamoos befestigt, welches sich dort prächtig weiterentwickelt.

oben: Auch hier ist feiner, gewaschener Flußsand der ideale Bodengrund für das Aquarium mit dekorativen Wurzeln und wenig Bepflanzung. Ein großer Stein unterbricht optisch den Bodengrund. Natürlich müssen Futterreste immer wieder gründlich abgesaugt werden.

links: Heller Sandboden, kräftig grüne Pflanzen und zarte Morkienwurzeln bilden hier eine harmonische Einheit. In solch einem Aquarium lassen sich gut die Diskusfische, Salmler und Welse zusammen pflegen. Foto: Hub Custers

noch nicht durchgesetzt. Aquarianer, die eine solche Bodenheizung in einem Schauaquarium einsetzen, sind sehr zufrieden, denn durch die Heizung wird eine Zirkulation im Bodengrund hervorgerufen. Es entstehen durch die Heizkabel Wärmezonen, die eine langsame und leichte Wasserzirkulation bewirken. Eine Bodenheizung wirkt wie ein langsam arbeitender Filter. Durch die Wärmezone im Bodengrund entsteht ein ständiger Austausch von Wasser über den Bodengrund. Diese schwache Sickerströmung ist von großem Vorteil.

Aquarienpflanzen benötigen normalerweise einen nährstoffreichen Bodengrund. Jedoch ist in Diskusschauaquarien hier auf die Beimischung von speziellen Pflanzennährstoffen erst einmal zu verzichten. Es reicht den Pflanzen völlig aus, wenn Nährstoffe durch übriggebliebenes Futter zur Verfügung stehen. Durch die Verdauung der Fische und unvermeidliche Futterreste, die nie völlig zu entfernen sind, bilden sich ausreichend Nährstoffe, die wiederum von der Pflanze aufgenommen werden können, wenn die Nährstoffe durch die Wasserzirkulation in den Bodengrund zu den Pflanzenwurzeln gelangen. Werden Schauaquarien mit starker Bepflanzung nur durch Thermostatheizer beheizt, dann kühlt der Boden immer wieder ab und die Pflanzen besitzen tatsächlich „kalte Füße". Pflanzen verkümmern in zu kaltem Bodengrund und deshalb ist eine Bodengrundkabelheizung ein wichtiges Zubehörteil. Das Heizkabel wird vor dem Einbringen des Bodengrundes auf der Bodenscheibe ausgelegt und mit Gummisaugern befestigt. Selbstverständlich kann das Heizkabel über ein Thermostat gesteuert werden. Jedoch besitzen die Heizkabel nur eine geringe Wärmeabstrahlung, so daß es eigentlich nicht zu einer Überhitzung des Bodengrundes kommen kann, wenn kein Thermostat verwendet wird. Für jeweils zehn Liter Aquarieninhalt wird bei einer Bodenheizung eine Leistung von 1-3 Watt angegeben. Unterstützt wird diese Bodenheizung durch eine zusätzliche Thermostatstabheizung, die dann entsprechend kleiner dimensioniert werden kann. Hier sollten dann etwa 4-6 Watt für je zehn Liter Wasser völlig ausreichen.

Wurzeln können immer ein Hauptdekorationsmittel im Diskusschauaquarium sein, denn der Bezug zwischen Diskusfischen und Wurzeln ist in der Natur da. Aufgelockert wird die Bewurzelung durch entsprechende geeignete Aquarienpflanzen und die Kombination zwischen dunkelbraunen Wurzeln und kräftig grünen Wasserpflanzen ist ideal. Foto: Hub Custers

Dekormaterial

Die Rückwand wurde gestaltet und der Bodengrund eingebracht. Jetzt geht es an die innere Ausgestaltung des Aquariums mit Dekormaterial. Diskusfische lieben weiches Wasser und deshalb sind Härtebildner für solche Aquarien nicht geeignet. Dies bedeutet, daß z.B. eine Dekoration mit Kalksteinen absolut unsinnig wäre, denn sowohl optisch als auch praktisch, passen helle Kalksteine nicht in ein Diskusaquarium. Wenn Sie mit Steinen Terrassen bilden wollen, damit der Bodengrund in der Höhe abgestuft wird, dann wählen Sie solche Steinarten aus, die nichts an das Wasser abgeben. Dazu gehören z.B. Granit, Schieferplatten und größere Kieselsteine. Gerade Schiefer ist für Diskusschauaquarien sehr geeignet, denn er sieht nicht nur sehr gut aus, sondern ist auch dünn und mit einem Hammer schnell in beliebig große Stücke zu zerteilen. Mit solchen Schieferplatten oder anderen Steinen lassen sich Treppen oder Erhöhungen im Bodengrund gestalten, was wiederum das Aquarium lebhafter und interessanter aussehen läßt.

Ein sehr beliebter Dekorationsgegenstand für Diskusschauaquarium ist die Morkienwurzel. Doch heute gibt es im Fachhandel die verschiedenartigsten und exotischsten Wurzeln, mit denen sich herrliche Unterwasserlandschaften gestalten lassen. Viele Wurzeln sind zu leicht und treiben im Wasser auf. Diesen Auftrieb kann man reduzieren, indem man die Wurzel eine Zeitlang in einem Wasserbehälter wässert und später noch mit Hilfe von Angelschnur und Gummisaugern am Aquarienboden befestigt. Nach einiger Zeit sind sie dann so vollgesaugt mit Wasser, daß Sie auch ohne diese Hilfsmittel am Boden liegenbleiben. Es gibt jedoch auch Steinholz oder Mooreichenwurzeln, die wesentlich leichter zu handhaben sind. Holz ist immer ein schöner und wertvoller Dekorationsstoff für exotische Aquarien und je härter das Holz ist, desto besser ist es für ein Aquarium geeignet. Weiche Wurzeln geben zu schnell gefährliche Gerbsäure an das Wasser ab und beginnen auch zu faulen, was dann Probleme aufwirft. Sollte eine im Aquarium verwendete Wurzel beginnen modrig zu riechen, ist sie zu entfernen, denn meist tauchen dann schnell Probleme bei den Fischen auf. Harte Holzsorten dagegen sind für mehrere Jahre ohne Probleme in einem Aquarium einzusetzen. Eine Alternative für natürliche Wurzeln sind Keramikwurzeln, wie sie inzwischen von verschiedenen Firmen angeboten werden. Diese Keramikwurzeln sind teilweise sehr schön geformt und können natürliche Wurzeln durchaus ersetzen. Mit diesen Keramikwurzeln hat man selbstverständlich keine Schwierigkeiten, was Fäulnisprozesse angeht. Auch Wurzelstöcke aus Kunststoff finden immer mehr Einzug in die Aquaristik. So gibt es schon Aquarienrückwände mit eingearbeiteten Kunststoffwurzeln, die natürlichen Wurzelstöcken zum Verwechseln ähnlich sind.

Sie sehen also, daß es nicht schwierig ist, ein Aquarium phantasievoll zu gestalten.

Diskuswildfänge in einem Aquarium mit einer künstlichen geformten Rückwand. Diese ausgeformten Kunststoffwände sind so hergestellt, daß nicht nur Steine, sondern auch Wurzeln perfekt nachgeahmt werden. So läßt sich die gesamte Rückwand eines Aquarium perfekt und problemlos gestalten. Der helle Sandboden bildet einen schönen Kontrast zu der dunklen Rückwand. Rückwand System Fohrman.

DIE AQUARIENPFLANZEN

Die Aquarienpflanzen mit ihren satten, grünen Farbtönen sind wie das Salz in der Suppe und man kann sich ein schönes Aquarium ohne Pflanzen kaum vorstellen. Für viele Aquarianer sind die Pflanzen fast wichtiger, als die Fische. Daß dies bei Diskusaquarianern nicht so ist, ist zu hoffen. Dennoch gehören in ein Diskusschauaquarium natürlich auch Wasserpflanzen.

Pflanzen sind wichtige Sauerstoffspender und regeln das biologische Gleichgewicht im Aquarium. Gerade bei Neueinrichtungen von Aquarien, ist das Einpflanzen von schnellwüchsigen Wasserpflanzen wichtig, da diese übermäßig vorhandene Mineranlsalze abbauen und somit für Stabilität des Wassermillieus sorgen. Auch Algen werden durch guten Pflanzenwuchs unterdrückt. Aquarien mit funktionierenden Wasserpflanzen bieten keine Nährböden für eine Algenplage.

Welche Wasserpflanzen jetzt für ein Diskusaquarium die richtigen sind, wird immer etwas umstritten bleiben. Kritiker eines Diskusaquariums werden schnell feststellen, daß etliche Pflanzen nicht biotopgerecht sind. Aber in der Praxis haben sich vielleicht gerade diese Pflanzen sehr gut in einem Diskusaquarium bewährt, da sie die hohen Wassertemperaturen problemlos vertragen. Was gut wächst und gut aussieht, aber nicht biotopgerecht ist, hat also doch seine Berechtigung in einem Hobbyaquarium. Man darf das ganze nicht zu eng sehen. Würde man alle Aquarien biotopgerecht einrichen, wären diese sehr langweilig, was die Bepflanzung angeht. Man muß also bereit sein, bei der Bepflanzung des Aquariums Kompromisse zu schließen.

Bevor Sie mit dem Einpflanzen beginnen können, sollten Sie sich zuerst einmal einen Pflanzplan machen. Überlegen sie sich vorher, welche Pflanzen Sie wo einpflanzen und wieviel Stück Sie überhaupt davon benötigen. Es schadet also nicht, wenn Sie sich eine kleine Skizze machen, auf welcher Sie den Standort und die Anzahl der einzupflanzenden Pflanzen notieren. Mit dieser Einkaufsliste können Sie dann Ihre Pflanzen kaufen und in das zu etwa 3/4 gefüllte Aquarium einsetzen.

Häufig werden Pflanzen in Töpfen kultiviert und mit diesen Töpfen verkauft. Als Substrat befindet sich dann meist Steinwolle oder Schaumstoffstücke

Ein Diskusschauaquarium muß nicht unbedingt biotopgerecht eingerichtet werden und es spricht wirklich nichts dagegen, gut haltbare Aquarienpflanzen und entsprechende Beifische aus anderen Erdteilen mit Diskusfischen zu vergesellschaften. Entscheidend ist, daß die Aquarienbedingungen perfekt sind und die Fische sich wohlfühlen.

Takashi Amano verbreitet die Lehre vom Naturaquarium und setzt seine Ideen auch konsequent in die Tat um. Hier sehen Sie das perfekte Diskusschauaquarium mit ausgewachsenen Türkis-Diskus, die mit Rotkopfsalmlern und Beilbauchfischen vergesellschaftet wurden. Die Bepflanzung wurde so angelegt, daß kleinbleibende Arten rasenbildend im Vordergrund eingepflanzt wurden. Im Hintergrund dominieren langblättrige Vallisnerien. Markante Punkte sind die mit Moos und Farnen bewachsenen Wurzeln.

Aquarienpflanzen werden meist beschriftet angeliefert und so kann der Käufer feststellen um welche Pflanze es sich genau handelt und welche Pflegeansprüche sie hat. Die Wurzeln sollten beim Einpflanzen vorher mit einer Schere eingekürzt werden.

unten: Mit Geschick lassen sich mit Aquarienpflanzen perfekte Unterwasserlandschaften gestalten und dennoch bleibt genügend Freiraum als Schwimmraum für die Fische übrig. Foto: Hub Custers

um die Wurzeln herum und diese Schutzstoffe müssen natürlich entfernt werden. Gehen Sie dabei bitte vorsichtig vor, denn schnell werden die zarten Wurzeln abgebrochen oder verletzt. Sie kommen sowieso nicht umhin, die Wurzeln etwas zu beschneiden. Allerdings darf der Wurzelstock nicht abgeschnitten werden. Beim Einpflanzen wird die Pflanze oberhalb der Wurzeln gefaßt und in den Bodengrund gedrückt und wieder etwas nach oben gezogen. Größere Pflanzen können noch zusätzlich mit kleinen Steinen stabilisiert werden. Ist die Pflanze erst einmal angewachsen, verankert sie sich selbst fest im Bodengrund. Übrigens sollte der Bodengrund in seiner Höhe den Pflanzen angepaßt sein. Große Pflanzen mit größeren Wurzelballen benötigen selbstverständlich einen höheren Bodengrund. So muß der Bodengrund entsprechend variieren, was durch den Einbau von Treppen und Abstufungen erreicht werden kann. Obwohl das Aquarium nur zu etwa 3/4 gefüllt ist, können Sie sich doch jetzt schon einen Überblick verschaffen, wie Ihre Bepflanzung aussieht. Korrekturen können natürlich immer wieder durchgeführt werden. Ist das Einpflanzen beendet, füllen Sie das Aquarium mit Wasser völlig auf und nehmen die Technik wieder in Betrieb.

Jedes Aquarium braucht eine gewisse Einfahrzeit. Diese Einfahrzeit dauert etwa ein bis zwei Monate und es ist unsinnig, die Fische zu früh einzuset-

Mit Steinen lassen sich Terrassen im Aquarium anlegen und so können unterschiedliche Pflanzeneffekte erzielt werden. Durch die Anlage von Terrassen wird das gesamte Aquarium interessanter.

zen. Geben Sie dem Aquarium etwas Zeit, sich biologisch aufzubauen. Anfangs können natürlich Algenfresser eingesetzt werden, wenn dies erforderlich scheint, jedoch ist dies bei guter Bepflanzung wahrscheinlich gar nicht nötig. Die Diskusfische sollten frühestens zwei Wochen nach der Ersteinrichtung eines Aquariums eingesetzt werden. Auch ein Aquarium und seine Pflanzen braucht Pflege wie ein Garten. Immer wieder sind die Pflanzenbestände bei gutem Wuchs auszulichten, bzw. Pflanzen einzukürzen. Dieser Punkt wird von vielem Aquarianern zu stark vernachlässigt. Es ist schon wichtig, den Aquarienrasen ab und zu auszulichten und einen Teil der Pflanzen einfach aus dem Aquarium zu entfernen. Auch Stengelpflanzen, die stark zur Wasseroberfläche hin tendieren, müssen immer wieder gekürzt werden. Hierzu schneidet man einfach die Kopfstecklinge ab und setzt sie wieder neu ein.

Auf Empfehlung von Herrn Ludwig Dennerle, stellen wir Ihnen hier eine ganze Reihe von Wasserpflanzen vor, die aus einer langjähriger Erfahrung heraus, für Diskusaquarien geeignet sind. Vielleicht wählen Sie sich aus diesen Pflanzen die Ihnen am besten zusagende Bepflanzung für Ihr Diskusschauaquarium aus.

C 45 *Ceratopteris cornuta* - Hornfarn.
Hierbei handelt es sich um eine bekannte Aquarienpflanze, die bis zu 50cm hoch wird und im Aquarium gut wächst. Für ein Diskusaquarium durchaus geeignet, da sie Temperaturen um 28°C gut verträgt. Die Breite der Blattwedel ist sehr variabel und die Blätter können durchaus auch breiter erscheinen. An den Blatträndern bilden sich kleine Jungpflanzen, die zur Weiterkultivierung geeignet sind. Diese Pflanze kann auch als Schwimmpflanze benutzt werden, wenn z.B. Teile des Aquarium abgeschattet werden müssen. Eine ideale Pflanze für den mittleren und hinteren Aquarienbereich mit mittleren Lichtansprüchen.

C 46 *Ceratopteris thalictroides* - feinblättriger Sumatrafarn.
Dieser Sumatrafarn ähnelt zwar C 45, ist aber doch deutlich feinblättriger und somit einmal eine andere Pflanzenart, die in einem Aquarium sehr dekorativ ist. Insgesamt ist der Sumatrafarn anspruchslos zu pflegen und auch gegenüber hohen Temperaturen nicht problematisch. Eine leichte Vermehrung durch Adventivpflanzen ist möglich. Ebenfalls geeignet für den mittleren bis hinteren Bereich des Aquariums mit normalen Lichtansprüchen. Kann ebenfalls als Schwimmpflane zur Abschattung des Aquariums verwendet werden.

C 70 *Crinum thaianum* - Thailand-Wasserlilie. Dieses Zwiebelgewächs aus Thailand besitzt lange bandartige feste Blätter und ist deshalb sehr gut als Hintergrundpflanze geeignet. Da die Blattlänge bis zu einem Meter erreicht, legen sich die langen Blätter teilweise auf die Wasseroberfläche. Obwohl diese Pflanze sehr anspruchslos ist, wächst sie nur sehr langsam. Bei mäßigem Lichtanspruch gedeiht sie sowohl in weichem als auch im harten Wasser und verträgt Temperaturen bis 28°C problemlos. Für höhere Diskusschauaquarium ist sie wegen ihrer enormen Wuchshöhe sehr gut für Randbepflanzungen geeignet.

E 20 *Echinodorus amazonicus* - Amazonas-Schwertpflanze.
Die Echinodorusarten gehören zu den typischen Pflanzen für ein Diskusschauaquarium. Die Heimat der Schwertpflanzen ist Südamerika und somit vertragen sie Wassertemperaturen um 28°C und höher ohne größere Probleme. *E. amazonicus* erreicht eine Wuchshöhe von bis zu 50cm und jeden Monat kommen zwei bis drei neue Blätter hinzu. Sie vermehrt sich über kleine Adventivpflanzen am Blütenstiel. Diese kleinen Pflanzen können abgeschnitten und eingepflanzt werden. Ältere Pflanzen bilden mit bis zu 50 Blättern richtig feste Pflanzenbüsche. Ideal für den mittleren Aquarienbereich.

**E 26 *Echinodorus argentinensis* -
Argentinischer Froschlöffel. (rechts)**
Mit monatlich etwa einem Blatt an Zuwachs, wächst diese Echinodorus-Art relativ langsam. Im mittleren Aquarienbereich angepflanzt, erreicht sie eine Wuchshöhe bis zu 30cm. Auch sie vermehrt sich über kleine Pflanzen am Blütenstiel. Diese anspruchslose Froschlöffelart liebt weiches Wasser und verträgt auch hohe Temperaturen sehr gut.

**E 85 *Echinodorus muricatus* -
Spitzblättriger Froschlöffel. (oben)**
Diese Echinodorus-Art wächst gerne über den Wasserspiegel hinaus und ist somit für offene Aquarien geeignet. Bei offenen Aquarien erreicht sie eine Wuchshöhe von bis zu 100cm. Monatlich kann sie zwei bis drei neue Blätter bilden. Ihre Vermehrung gelingt über Jungpflanzen am Blütenstiel. Sie ist eine anspruchslose Froschlöffelart, die jedoch regelmäßig gedüngt werden sollte. Bei Beleuchtungszeiten unter 12 Stunden und halbschattiger Lage werden die Pflanzen nicht so hoch. Sehr schöne Solitärpflanze für den mittleren und hinteren Aquarienbereich.

In diesem großen Schauaquarium wurden die Aquarienpflanzen so ausgewählt, daß sie harmonisch zueinander passen. Solitärpflanzen stehen zwischen Pflanzengruppen, kleinere Pflanzen wurden im Vordergrund, größere Pflanzen im Hintergrund eingesetzt.
Foto: Werner Besancon

**E 100 *Echinodorus bleheri* -
Große Amazonas-Schwertpflanze. (re chts)**
Auch diese Schwertpflanze stammt natürlich aus Südamerika und bildet mit 60cm Wuchshöhe und bis zu 50 Blättern eine imposante Pflanze, die als Solitärpflanze im hinteren Aquarienbereich als Prachtstück eingepflanzt werden kann. Auch sie vermehrt sich über kleine Adventivpflanzen am Blütenstiel weiter. Sie kann als anspruchslos eingeordnet werden und ist sehr beliebt bei Aquarianern. Die Blätter erreichen eine Breite von bis zu 5cm.

**E 110 *Echinodorus parviflorus* -
Schwarze Amazonas-Schwertpflanze.**
Den Namen schwarze Amazonas-Schwertpflanze hat sie wohl bekommen, weil neue Blätter eine schwarze Blattnervenzeichnung aufweisen. Sie gehört zu den mittelgroßen Sumpfpflanzen und erreicht im Normalfall eine Wuchshöhe von 25cm. Wird sie zu dicht gepflanzt, wächst sie jedoch höher hinauf. Pro Monat bildet sie 3-4 neue Blätter und auch sie vermehrt sich durch regelmäßig wachsende Adventivpflanzen. Sie kann als anspruchslose und schnell wachsende Pflanzenart eingestuft werden, die schon viele Jahre als typische Diskusaquariumpflanze verwendet wird. Gerade auf Sandboden, bei halbschattiger Lage, gedeiht sie sehr gut. 28°C Wassertemperatur sollte jedoch die Obergrenze für diese Pflanze sein. Im Mittelbereich des Aquariums ist der beste Platz für sie.

E 125 *Echinodorus rigidifolius* - Steifblättriger Froschlöffel.
Die langgestielten Blätter stehen tatsächlich sehr steifblättrig im Aquarium herum. Wegen ihrer Wuchshöhe von bis zu 60cm und ihrer Langstieligkeit ist es eine typische Pflanze für den hinteren Aquarienbereich. Monatlich bildet sie 2-3 neue Blätter aus und vermehrt sich auch über Adventivpflanzen. Sie zählt wie die meisten Echinodorusarten zu den anspruchslosen Aquarienpflanzen. Sie kann als robuste, schnellwüchsige Art eingestuft werden. Diese Pflanze fällt durch ein besonders breites Temperaturspektrum auf, denn sie verträgt Temperaturen zwischen 18-28°C.

E 131 *Echinodorus „Rosé“* - Cichliden-osiris.
Es handelt sich hier um eine Kreuzungsvariante, deren jeweils neues Blatt meist rosafarben und gefleckt ist. Auch sie ist eine anspruchslose Aquarienpflanze und bildet monatlich 2-3 neue Blätter aus. Den deutschen Namen Cichliden-Osiris hat sie deshalb bekommen, weil die meisten Cichliden sie verschmähen und nicht anrühren. Außerdem wächst sie sehr schnell und somit schadet ihr ein gelegentliches Abfressen durch die Fische nicht sonderlich. Mit 50-70cm Wuchshöhe ist sie eine beachtliche Solitärpflanze.

E 136 *Echinodorus spec.* - Langgestielte Schwertpflanze. (links)
Vermutlich stammt diese Echinodorus-Art aus Mittelamerika. Sie fällt durch ihren langgestielten und schmalen Blätter auf. Mit einer Wuchshöhe bis zu 70cm ist sie eine schöne Solitärpflanze, die noch dazu anspruchslos ist und sich durch Adventivpflanzen regelmäßig vermehrt. Monatlich bringt sie etwa zwei Blätter hervor. Eine gelegentliche Eisendüngung ist für gutes Wachstum wichtig.

E 205 *Echinodorus spec.* - Schmalblättrige Zwergschwertpflanze.
Diese Rosettenpflanze mit spitzen Blättern treibt sehr viele Ausläuferpflanzen und vermehrt sich sehr schnell. Sie erreicht nur eine Wuchshöhe von 15-20cm und kann somit als rasenbildende Pflanze im mittleren Aquarienbereich gut eingesetzt werden. Sie verträgt viel Licht, kann aber auch im Halbschatten gut gedeihen.

E 210 *Echinodurus latifolius* - Breitblättrige-Zwergschwertpflanze.
Diese Rosettenpflanze mit gestielten Blättern bildet sehr viele Ausläufer und vermehrt sich somit sehr gut. Sie bildet wöchentlich nur ein Blatt aus, ist aber durch ihre geringe Wuchshöhe von 15cm eine ideale Vordergrundpflanze und kann als rasenbildende Pflanze eingepflanzt werden. Sie benötigt viel Licht und dies ist vor allem bei sehr hohen Aquarien ein Problem.

E 230 *Echinodorus tenellus* - Grasartige Zwergschwertpflanze.
Diese kleinste Schwertpflanze ist bei Aquarianern sehr beliebt, denn mit ihr können wunderbare, dekorative Rasengebilde gepflanzt werden. Ihre Wuchshöhe beträgt nur 5-8cm und sie vermehrt sich durch Ausläuferpflanzen. Bei leicht schattigem Standort ist sie intensiv grün gefärbt, wird sie jedoch stark beleuchtet, nimmt sie einen rötlichen Ton an. Ihre Blätter haben nur eine Breite von etwa zwei Millimetern und sind sehr fein. Der typische Aquarienrasen für das Diskusschauaquarium.

H 20 *Hydrocotyle leucocephala* - Brasilianisches Wasserefeu. (rechts)

Dieses Wasserefeu ist eine anspruchslose, schnell wachsende Pflanze, die den meisten Aquarianern bestens bekannt sind. Ihr Lichtansprüche sind gering und so kann sie auch gut in abgedunkelten Teilen des Diskusaquariums eingepflanzt werden. Sie wächst sehr schnell zur Wasseroberfläche und bildet dort eine Schwimmpflanzendecke. Sie vermehrt sich durch Seitensprosse und bildet in jedem Knoten eine feine Wurzel. Diese verwurzelten Seitensprosse können jederzeit abgeschnitten und neu eingepflanzt werden. Wegen ihrer Wuchshöhe ist sie gut als Hintergrundpflanze geeignet.

H 140 *Hygrophila corymbosa* - Riesenwasserfreund

Bekannte Aquarienpflanze, die in verschiedenen Wuchsformen angeboten wird. Sehr schnellwüchsige, breitblättrige Art mit einfacher Vermehrungsmöglichkeit durch Abnahme von Kopfstecklingen und Seitentrieben. Wird die Pflanze am Kopf abgeschnitten, bilden sich sehr viele Seitentriebe. Der Riesenwasserfreund wächst auch gerne aus offenen Aquarien heraus und beginnt dann sogar zu blühen. Wegen seiner Wuchshöhe von 40-60cm ist er gut als Hintergrundpflanze geeignet, wo er in größeren Büscheln sehr dekorativ aussieht.

M 40 *Microsorium pteropus* - Java-Farn.
Java-Farn ist gerade bei Diskusaquarianern sehr beliebt, denn diese anspruchslose und dekorative Pflanze wächst sehr langsam und läßt sich wunderbar auf Wurzeln befestigen und somit für eine gelungene Dekoration im Aquarium benutzen. Java-Farn treibt aus den Wurzeln und Blättern kleine Tochterpflanzen und vermehrt sich somit wie von selbst. Eine wirklich ideale Pflanze für ein Diskusschauaquarium. Kleine Pflanzen können z.B. auch mit Büroklammern oder Stecknadeln, sowie Nylonfäden an Strukturrückwänden befestigt werden, so daß sich auch in schwierigen Aquarienecken schöne Pflanzendekorationen bilden lassen.

N 50 *Nymphea rubra* - Rotblühende Seerose.
Aus dem tropischen Asien stammt diese schöne Seerose, die es vielen Aquarianern angetan hat. Die jungen, treibenden Blätter sind dreieckig spitz, wohingegen ältere Blätter rund werden. Ihre grünlich bis dunkelrot werdenden Blätter sind sehr dekorativ. Typische Einzelpflanze, die im mittleren Bereich des Aquariums schnell zu einem dekorativen Mittelpunkt werden kann. Sie kann bis zur Wasseroberfläche wachsen, jedoch sollten diese Schwimmblätter vor erreichen der Oberfläche abgeschnitten werden, damit die Pflanze kleiner bleibt. Je mehr Licht diese Seerose erhält, desto kompakter wird ihr Wuchs. Wöchentlich kann man mit einem neuen Blatt rechnen.

N 55 *Nymphea lotus var. viridis* -
Grüner Tigerlotus.
Diese Seerose besitzt strahlend grüne Blätter mit rotbraunen Flecken und ist ebenfalls sehr dekorativ. Auch sie kann bis zur Wasseroberfläche wachsen und Schwimmblätter sollten vor erreichen der Wasseroberfläche abgeschnitten werden. Diese Seerose ist eine herrliche Solitärpflanze und bestimmt mit ihren prächtigen Blättern schnell das Aquarium. Aus der Knolle treiben kleine Tochterpflanzen, die sich mit etwas Geschick vermehren lassen. Leider ist es im Aquarium nur selten möglich, sie zum blühen zu bewegen.

Dieser Diskuswildfang fühlt sich zwischen Wurzeln und Pflanzen sichtlich wohl und gerade die Seerose als Solitärpflanze vermittelt einen perfekten Eindruck in diesem Aquarium. Foto: Martin Trostel

N 55 *Nymphea lotus var. rubra* - Roter Tigerlotus.

Das Gegenstück zum grünen Tigerlotus ist diese herrliche rote Seerosenart. Ihre Blätter sind rot bis kräftig rotbraun und besitzen dunkelbraune Flecken. Die Blattnerven bilden einen schönen Kontrast, da sie etwas heller sind. Ihre Wuchshöhe beträgt 30-50cm und wöchentlich wächst ein Blatt. Aus der Knolle werden kleine Tochterpflanzen gebildet. Herrliche Solitärpflanze für den mittleren Aquarienbereich.

V 60 *Vesicularia dubyana* - Javamoos

Hier handelt es sich um eine anspruchslose und dauerhafte Moosart, die sich sehr schön zum dekorieren von Wurzeln, Steinen und anderen Einrichtungsgegenständen eignet. Die bis zu 40cm langen, dünnen Blätter sind weit verzweigt und verdreht, so daß ein Moospolster entsteht. Freilaichende Zierfische nehmen diese Moospolster gerne als Ablaichhilfe an. Vermehren kann man das Javamoos am einfachsten, indem man die Moospolster teilt.

V 10 *Vallisneria gigantea* - Riesen-Vallisnerie.
Eine sehr bekannte Aquarienpflanze, die wegen ihrer enormen Wuchslänge von ein bis zwei Meter bei Aquarianern mit großen Aquarien gerne als Hintergrundpflanze benutzt wird. Mit dieser Pflanze lassen sich die Rück- und Seitenwände eines großen Aquariums schnell dekorativ zupflanzen. Sie bildet viele Ausläuferpflanzen und vermehrt sich somit problemlos. Sie gedeiht auch problemlos im Halbschatten.

V 30 *Vallisneria spiralis* - Schrauben-Vallisnerie.
Ebenfalls eine anspruchslose Vallisnerien-Art, die nicht ganz so hoch wird und auch wesentlich schmälere Blätter besitzt, als die Riesen-Vallisnerie. Auch sie vermehrt sich durch Ausläuferpflanzen sehr intensiv. In feinkörnigen Sand gepflanzt, ist sie fast mit jedem Aquarienwasser zufrieden, wenn es nicht gerade extrem weich ist. Als Hintergrundpflanze zum teilweise bedecken der Rückwände bestens geeignet.

Vallisnerien sind perfekte Pflanzen für die Seiten- und Rückwände von Aquarien. Mit ihren langen Blättern bilden sie auch eine Schwimmpflanzendecke. Foto: Hub Custers

Die wichtige Kohlendioxiddüngung

So wie wir Menschen unbedingt Sauerstoff zum Leben brauchen, benötigen unsere Wasserpflanzen vor allem Kohlendioxid als Grundnahrung. Kohlendioxid ist ein Gas, das mit Hilfe eines Druckminderers aus einer Metallflasche in das Aquarium gepumpt wird. Dort verbindet sich das Kohlendioxid mit dem Wasser und die Reaktion ergibt Kohlensäure. Kohlendioxid trägt die chemische Bezeichnung CO_2, während Kohlensäure die Bezeichnung H_2CO_3 bekommt. Wenn also Kohlendioxid mit Wasser reagiert und zur Kohlensäure wird, wird es gleichzeitig zu einem der wichtigsten Nährstoffe für die Photosynthese der Wasserpflanzen im Aquarium.

Aquarienpflanzen benötigen ganz dringend Kohlendioxid als Nährstoff, denn die Hälfte der Pflanzentrockenmasse besteht aus Kohlenstoff und diesen können Unterwasserpflanzen nur in Form von Kohlensäure aus dem Wasser aufnehmen. In der Natur ist immer ausreichend Kohlensäure in Gewässern wo Pflanzen wachsen vorhanden. Durch die natürlichen Abläufe wird Kohlensäure immer wieder von der Natur nachgeliefert. Im Aquari-

Eine Düngung der Aquarienpflanzen mit Kohlendioxid ist sehr wichtig. Die Kohlendioxidflasche läßt sich meist gut unter dem Aquarium unterbringen. Über ein Druckventil wird die entsprechende Menge Kohlendioxid in das Aquarium dosiert. Überwacht wird der pH-Wert durch eine Anzeige. Eine große Kohlendioxidflasche kann ein Diskusschauaquarium für einen Zeitraum bis zu einem Jahr mit ausreichendem Pflanzendünger versorgen. Foto: Jürgen Jeske

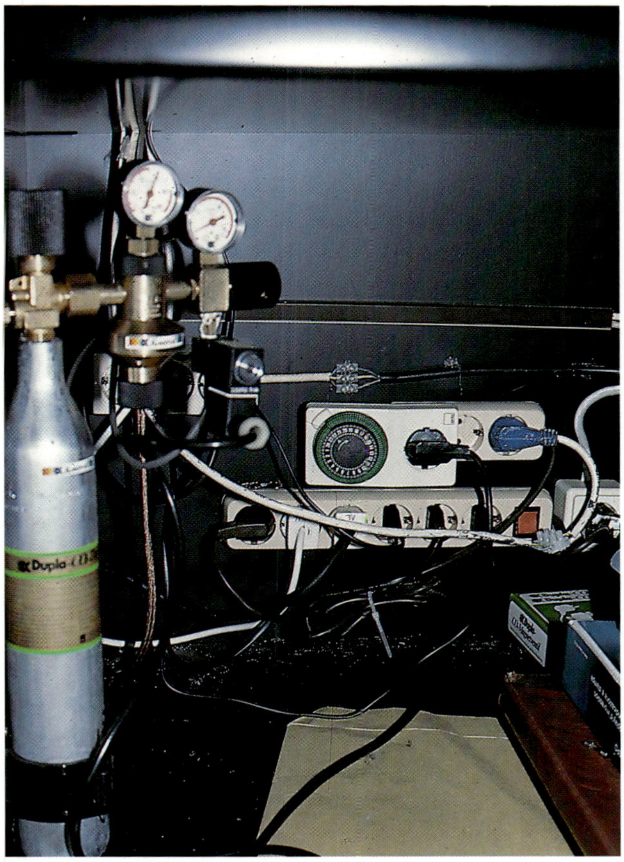

Kohlendioxiddüngung im Unterschrank eines Schauaquariums. Hier kann die gesamte Technik untergebracht werden.

Kohlendioxidreaktionsrohr. Hier vermischt sich Kohlendioxid mit Wasser und wird zu Kohlensäure.

um ist in der Regel ein zu geringer Kohlensäurepegel vorhanden, was dann schnell zu einer Unterversorgung mit Kohlendioxid führen kann. Die Pflanzen können nicht mehr wachsen und selbst bei optimaler Beleuchtung vegetieren sie nur dahin. Das Aquarium ist ein sehr instabiles Gewässer, was den Kohlensäuregehalt angeht. Die Kohlensäure kann sehr leicht über die große Wasseroberfläche und die Filterbewegung in die Luft entweichen, denn der Kohlendioxiddruck der Luft ist viel niedriger als der im Wasser. Natürlich wird auch das Leitungswasser von den Wasserwerken mit geringem Kohlensäuregehalt angeliefert. Die Wasserwerke entziehen dem Leitungswasser die natürliche Kohlensäure durch Belüften oder Kalkzugabe. Verständlicherweise nehmen die vorhandenen Aquarienpflanzen die wenigen Reste an Kohlensäure im Aquariumwasser gierig auf. Jetzt entsteht das Problem, daß Sie als Aquarianer dem Aquarium zusätzlich Kohlensäure, bzw. Kohlendioxid zuführen müssen, um ein prächtiges Pflanzenwachstum zu erreichen. Ein gutes Gedeihen der Wasserpflanzen ist in einem Schauaquarium selbstverständlich wichtig, denn wer möchte schon ein Schauaquarium mit dahinkümmernden Pflanzen besitzen?

Nebenbei wird durch die Assimilationstätigkeit der Wasserpflanzen auch reichlich Kohlendioxid aus dem Wasser entzogen. Dies wiederum hat ein leichtes Ansteigen des pH-Wertes zur Folge.

Heute wird die Kohlendioxiddüngung mit perfekt eingestellten Geräten vorgenommen und ist sehr einfach. Natürlich war vor 30 und mehr Jahren in der Aquaristik eine Kohlendioxiddüngung unüblich. Bereits damals gab es gut funktionierende Aquarien mit bestem Pflanzenwuchs. Jetzt könnte man annehmen, daß sich hier etwas widerspricht, doch in den Aquarien der damaligen Zeit, befanden sich meist sehr langsam laufende eingefahrene und stark verschmutzte Filter. Auch gab es dicke Mulmschichten im Aquarium, die zum Teil

aus Lebendfutterresten bestanden. In diesen Mulmschichten und Filtern bildete sich immer wieder neue Kohlensäure in kleinen Mengen, welche für diese damaligen Pflanzen völlig ausreichte. Selbstverständlich war die Pflanzenauswahl von damals sehr gering und heute besitzen wir eine riesige Auswahl von schönen und anspruchsvollen Aquarienpflanzen. Die heutigen attraktiven Wasserpflanzen benötigen wesentlich mehr Kohlensäure, als die damaligen anspruchslosen Pflanzen. Erhalten diese Pflanzen nicht ausreichend Kohlendioxid, können sie regelrecht verhungern. Fehlende Kohlensäure, bzw. Kohlendioxid ist die Ursache für schlechten Pflanzenwuchs und Verkrüppelung von Pflanzen. Auch entkalkt sich das Wasser und es entstehen hohe pH-Werte. Ein zu hoher pH-Wert ist wiederum die Ursache für einen Eisenmangel der Pflanzen und Fische. Auch könnte es zu plötzlichen Ammoniakvergiftungen bei Fischen kommen. Für den Aquarianer läßt sich auch die Regel aufstellen, daß überall da, wo in Aquarien die Pflanzen prächtig gedeihen, die Fische ideale und gesunde Lebensbedingungen vorfinden.
Die meisten Wasserpflanzen entstammen Gewässern mit weichem Wasser und pH-Werten im leicht sauren Bereich. Die Karbonathärte in diesen Gewässern ist ebenfalls meist gering. Für den Aquarienbetrieb ist es jedoch günstiger, wenn die Karbonathärte mindestens ein Grad deutscher Härte oder mehr beträgt.
Wieviel Kohlendioxid benötigen wir jetzt in unserem Diskusschauaquarium? Diskusfreunde neigen dazu, gerne auf Kohlendioxiddüngung verzichten zu wollen. Wenn Sie ein Schauaquarium mit schöner Bepflanzung anstreben, müssen Sie jedoch unbedingt eine Kohlendioxiddüngung einplanen. Je größer Ihr geplantes Aquarium ist, desto höher ist auch der Bedarf an Kohlendioxid. Ist Ihr Aquarium zusätzlich noch offen gestaltet und wird mit sehr viel Licht besonnt, dann benötigen Sie ebenfalls etwas mehr Kohlendioxid als üblich. Auch schnell laufende Filter und eine starke Wasserbewegung sorgen dafür, daß mehr Kohlendioxid verbraucht wird. In kleineren Aquarien mit Eckscheiben, normaler Beleuchtung und weniger Pflanzen, sowie einer langsamen Filterung, benötigen Sie entsprechend weniger Kohlendioxid. Ein durchschnittlicher Wert für ein bepflanztes Aquarium ist ein Kohlendioxidgehalt von 30-40mg/l. Für Diskusaquarien kann jedoch der Kohlendioxidgehalt auf durchschnittlich 20mg pro Liter abgesenkt werden. Bei einem Gehalt von 20mg Kohlendioxid pro Liter, benötigt man am Tage ungefähr ein Gramm Kohlendioxid auf 100 Liter Wasser. Sehr günstig ist es, die Kohlendioxiddüngung so einzustellen, daß über eine Schaltuhr während der Nachtphase die Kohlendioxiddüngung eingestellt wird. Beim Einsatz von Kohlendioxid im Diskusschauaquarium müssen Sie unbedingt darauf achten, daß Ihr Aquarienwasser mindestens 1°KH Härte an Karbonathärte aufweist. Würde nämlich zuwenig Karbonathärte im Aquarium vorhanden sein, könnte durch den Kohlendioxideinsatz das Wasser sehr schnell umkippen und der pH-Wert ins Bodenlose fallen. Werte über 8° Karbonathärte sind ebenfalls ungünstig und der Mittelwert aus diesen beiden Werten ist gut verträglich und anzustreben.
Wie wird nun Kohlendioxid in das Wasser unseres Schauaquariums befördert? Dies geschieht heute ganz einfach, denn die technischen Einrichtungen hierfür sind im Fachhandel problemlos erhältlich. Kohlendioxid wird in Vorratsflaschen aus Stahl geliefert, die immer wieder nachgefüllt werden können. Bei größeren Aquarien ist es schon gut, wenn man eine entsprechend große Flasche auswählt, denn das Befüllen wird bei großen Flaschen im Verhältnis wesentlich billiger. Eine große Flasche mit 2000g Kohlendioxid kann für ein 500l Diskusschauaquarium knapp ein Jahr ausreichen. Zusätzlich zu der Flasche benötigen Sie einen Druckminderer mit Nadelventil, durch welchen die Kleinstmengen an Kohlendioxid in das Aquarium geleitet werden. Diese Druckminderer besitzen Manometer, die sowohl den Arbeitsdruck als auch den Flaschendruck anzeigen. Über einen speziellen Kohlendioxidschlauch wird das Gas in einen sogenannten Bla-

senzähler geleitet und von dort in das Kohlendioxidkontaktgerät im Aquarium geführt. Im Aquarium verbindet sich das Kohlendioxid mit dem Wasser und wird zur Kohlensäure. Bewährt hat sich der Einsatz eines Magnetventils für die Nachtabschaltung mit einer Schaltuhr, so daß während der Nachtstunden die Kohlendioxidzufuhr unterbrochen wird, was selbstverständlich auch sinnvoll ist. Denn während der Nachtstunden ohne Beleuchtung assimilieren die Pflanzen nicht.

Bei der Zugabe von Kohlendioxid bilden sich im Aquarium immer wieder Falschgase, welche vorwiegend aus Sauerstoff und Stickstoff bestehen. Diese Falschgase mischen sich nicht mit dem Wasser und sie sammeln sich als Gaspolster in den Kohlendioxidgeräten. Von dort werden sie über eine Falschgasentlüftung abgeführt. Bedeutende Hersteller bieten verschieden große Systeme an und Sie sollten sich hier im Handel kundig machen, bevor Sie ein solches Kohlendioxidgerät erwerben. Kaufen Sie keinesfalls ein zu kleines Gerät, denn gerade bei einem großen Schauaquarium ist es wichtig, daß ihre Kohlendioxiddüngung für viele Jahre unproblematisch läuft.

Zur Langzeitkontrolle des Kohlendioxidgehaltes, läßt sich ein einfacher Test im Aquarium einbauen. Die Firma Dennerle hat einen Kohlendioxidlangzeittest entwickelt, der über eine Idikatoranzeige zeigt, wieviel Kohlendioxid in etwa im Wasser gelöst wird. Mit einem Gummisauger wird das kleine Testgefäß in das Aquarium gesetzt und die Farbreaktion zeigt an, wie sich der Kohlendioxidgehalt verändert. Bei gelber Färbung ist zuviel Kohlendioxid enthalten, bei blauer Färbung dagegen zuwenig oder fast kein Kohlendioxid. Ist die Anzeige dagegen grün, so stimmt der Kohlendioxidgehalt im Wasser. Abschließend muß noch einmal gesagt werden, daß der Einsatz von Kohlendioxid als Düngemittel für prächtige Wasserpflanzen auch in einem Diskusschauaquarium mit Bepflanzung unbedingt notwenig ist.

Kohlendioxidkontaktgerät, wie es im Aquarium angebracht wird. Hier vermischt sich Kohlendioxid mit Wasser zu Kohlensäure und gelangt so ins Aquarium. Dort kann die Kohlensäure von den Pflanzen als Baustoff aufgenommen werden.

Probleme mit Algen

Algenprobleme hat wohl schon jeder Aquarianer kennengelernt, der sich für längere Zeit mit Aquarien befaßt. Soche Algenplagen im Aquarium können sehr schnell die ganze Freude an der Aquaristik verderben. Natürlich läßt sich übermäßiger Algenwuchs auch verhindern. In den letzten Jahren wurden viele neue Erkenntnisse über Algen gemacht und die Denkweise hat sich etwas verändert. Ein Aquarium ist immer ein biologisches System und die Lebewesen im Aquarium sind voneinander abhängig. Wird eine dieser Abhängig-

Algen sind ein Alptraum für Aquarianer. Algenprobleme müssen nicht auftreten, wenn Grundregeln beachtet werden. Häßliche Bart- und Pinselalgen sind allerdings nur sehr schwer aus dem Aquarium zu entfernen. Hier ist es am besten, die befallenen Pflanzen und Einrichtungsgegenstände herauszunehmen. Nur nach einer sehr gründlichen Reinigung können Einrichtungsgegenstände wieder in das Aquarium zurück gesetzt werden.

Große Apfelschnecken sind Bioindikatoren in einem Aquarium. Solange sie nicht überhand nehmen, sind sie interessante Pfleglinge.

keiten im Aquarium verändert, kann diese Veränderung wie eine Kettenreaktion wirken.
Aquarienpflanzen gedeihen sehr gut in einem reduzierenden Millieu, während Algen und dabei im besonderen Bart- und Pinselalgen, die uns am meisten stören, am besten in einem oxidierenden Millieu wachsen. Aquarien mit einem normalen Pflanzenwuchs benötigen keinen zusätzlichen Sauerstoff von aussen. Es ist deshalb ungünstig, im bepflanzten Aquarien durch Ausströmersteine oder Difussionsrohre zusätzlich Sauerstoff in das Wasser zu blasen. Die hier wachsenden Pflanzen liefern ausreichend Sauerstoff für die Fische. Es gibt typische Tendenzen in Aquarien, wo sich verstärkt Algen bilden, wenn die Vorraussetzungen so gegeben werden. Eine starke Tendenz zu einer Veralgung hat man in Aquarien mit einem groben Kiesbodengrund und starken Filtern, die ihr Wasser mit einem Düsenrohr in das Aquarium spritzen. Auch grobe durchlässige Filtermassen mit schnellem Durchfluß begünstigen Algenwachstum. Oft sind auch die Filter selbst zu groß dimensioniert und dann werden zum Beispiel Aquarien mit Filtern bestückt, deren Stundenleistung doppelt so groß ist, als der Wasserinhalt des Aquariums. Licht mit einem hohem Blauanteil oder direktes Sonnenlicht ist absolut ungünstig, denn es fördert den Pflanzenwuchs. Zum Beispiel typische Aquarienleuchten mit hohem Blauanteil sind absolut ungünstig für Aquarien, wegen der Algengefahr. Auch bei einem hohen Gehalt an Karbonathärte, ist die Tendenz zu Algen wesentlich stärker.
In einer US-Studie wurde festgestellt, daß in Flüssen des Dschungels nur wenige blaue Lichtanteile vorhanden sind. Die geradlinig einfallenden blauen Lichtanteile werden zum Großteil in den Tropen

von dem dichten Blätterwald abgeschirmt. Trotz der starken Abschattung durch die Baumkronen gelangt sehr viel UV-Licht zum Wasser. Auch das rotwellige Licht schwingt am Blätterwald vorbei und gelangt bis auf die Wasseroberfläche. Daraus ergibt sich, daß blaues Licht kaum vorhanden, rotes Licht dagegen in großen Mengen vorrätig ist. Im Aquarium sollten wir uns diese Erkenntnisse zu nutze machen und bevorzugt Licht mit Rotanteilen einsetzen.

Bart- und Pinselalgen stammen ursprünglich aus dem Meer. Die Pflanzen entwickelten sich zuerst an Land und gelangten von dort erst viel später als Algen ins Wasser. In ihrer Enwicklungsgeschichte sind Wasserpflanzen also viel jünger als Algen und sie benötigen deshalb rötliches Licht.

Im Diskusaquarium wird meistens sehr stark gefüttert und durch die starke Fütterung finden Bakterien einen idealen Nährboden. In etwa 3°C Sprüngen verdoppeln sich die Bakterien. Dies bedeutet, daß z. B. ein Aquarium bei 25°C perfekt funktioniert. Wird es dagegen auf eine Temperatur von 28°C eingestellt, treffen alle zuvor gemessenen Werte und Vorraussetzungen nicht mehr zu. Sehr schnell kann es jetzt zu einer Verdoppelung der Bakterienzahl führen und diese dramatischen Veränderungen wirken sich dann schnell auch auf das Algenwachstum aus.

Aquarien, die kaum eine Tendenz zu Algenwuchs zeigen, besitzen meist folgende Merkmale. Durch einen biologischen Langsamfilter entstehen Mulmzonen im Filter, die ein Algenwachstum hemmen. Die Wasseroberfläche wird durch langsamlaufende Filter kaum bewegt und es wird kein zusätzlicher Sauerstoff in das Wasser eingetragen. Die Filter besitzen meist eine feine Filtermasse und die Stundenleistung der Filter liegt nur bei etwa 100%, was bedeutet, daß der Filter nur maximal die Menge von Wasser pro Stunde durchlaufen läßt, die das Aquarium an Inhalt hat. Ein regelmäßiger Wasserwechsel von etwa einem Fünftel des Aquariuminhalts jede Woche hilft die Algen zu bekämpfen. Der Einsatz von weniger starkem Licht kommt dem Feeling der Diskusfreunde ja sehr entgegen und verhindert gleichzeitig eine Algenbildung. Die Auswahl von Leuchtstoffröhren mit geringen Blautönen, aber hohem Rotanteil, helfen ebenfalls. Wird die Grundfläche des Aquariums bepflanzt und sind darunter auch schnellwachsende Pflanzen, dann werden Algen automatisch von diesen Aquarienpflanzen in ihrem Wachstum zurückgedrängt. So seltsam es klingen muß, aber der Einsatz von Fleischfutter und vielen roten Mückenlarven verstärkt das Algenwachstum. Anscheinend werden hier Stoffe freigesetzt, die Algen begünstigen. Im idealen, fast algenfreien Schauaquarium beträgt die Karbonathärte nur 1-2°KH.

Immer wieder wird auch empfohlen, algenfressende Fische schon mit der Ersteinrichtung des Aquariums einzusetzen. Natürlich passen diese Fische nicht unbedingt zu Diskusfischen, aber wer Probleme mit Algen hat, sollte dies unbedingt versuchen. Sehr gute Algenvertilger sind *Epalzeorhynchos siamensis* und *Gyrinocheilus aymonieri*. Natürlich wollen diese Pflanzenfresser keine Pinselalgen fressen, zumal sie dies auch gar nicht könnten, sondern sie wollen sich auch an jungen und frischen Algen gütlich tun. Setzen Sie also deshalb die Fische unbedingt gleich bei der Neueinrichtung in das Aquarium ein, noch lange bevor Ihre ersten Diskusfische im neuen Aquarium eine Heimat finden.

Sehen Sie Ihr Aquarium immer als gesamte biologische Einheit und nur wenn etwas verändert wird, wird sich auch im Aquarium etwas verändern, Eingriffe von aussen sollten also immer gut überlegt werden. Wenn Sie die vorhergehenden Ratschläge einigermaßen beherzigen, werden Sie kaum Algenprobleme in Ihrem Aquarium vorfinden.

Die Aquarientechnik

Die richtige Beleuchtung

Wir alle wissen, daß Licht für Wachstum allgemein notwendig ist. Selbstverständlich ist Licht für unsere Aquarienpflanzen von großer Bedeutung. Die Photosystese könnte ohne Licht nicht ablaufen. In der Natur wird die Beleuchtung sehr stark von äußeren Faktoren beeinflußt. In Naturgewässern ist die Beleuchtung logischerweise sehr unterschiedlich und abhängig von Faktoren wie Wasserfärbung, Jahreszeit oder Tagesablauf. So werden z. B. riesige Lichtmengen durch die Braunfärbung des Wassers im Rio Negro in Brasilien herausgefiltert. Bereits wenige Zentimeter unter der Wasseroberfläche ist ein Großteil des UV-Lichtes bereits absorbiert worden. Pflanzen besitzen eine gewisse Fähigkeit sich an vorgegebene Lichtmengen zu gewöhnen und dies kann natürlich im Aquarium von besonderer Wichtigkeit sein. In den letzten Jahren hat man wichtige neue Erkenntnisse über die Beleuchtung von Aquarien gewonnen. Prinzipiell ist zu sagen, daß sowohl Pflanzen aber auch Algen unter allen gängigen Lichtfarben wachsen können. Für Pflanzen sind jedoch die Lichtspektren mit hohen Rotanteilen von großer Bedeutung. Wird der Blauanteil verringert, wachsen sie besser. Und umgekehrt können sich Algen bei diesem für Pflanzen besser geeigneten Licht schlechter entwickeln. Für die Aquaristik gibt es verschiedene geeignete Lichtsysteme. Die bekanntesten Lichtquellen sind Leuchtstofflampen, die eine hohe Lichtausbeute garantieren und sehr wirtschaftlich sind. In der Anschaffung sind sie sehr preiswert und im täglichen Verbrauch haben sie natürlich auch Vorteile gegenüber HQL- oder HQI-Leuchten, die eine wesentlich höhere Wattzahl besitzen. Leuchtstofflampen können ein Aquarium sehr gleichmäßig ausleuchten und durch die verschiedenen Lichtfarben, die erhältlich sind, kann der Aquarianer aus mehreren Leuchtstofflampen sein ideales Aquariumlicht zusammenstellen. Empfohlen werden können Warmtonlampen, da hier das Licht für die Augen wesentlich angenehmer ist. Alle Warmtonlampen können natürlich mit neutralweißen Leuchstofflampen kombiniert werden. Es gibt auch speziell entwickelte Leuchtstofflampen für Pflanzen, wozu zum Beispiel Osram 77 L-Fluora oder die bekannte Sylvania Gro-LUX gehören. Allerdings können

Dieses Aquarium steht in einem Wintergarten und somit kann ein erheblicher Anteil an Tageslicht in dieses Aquarium gelangen. Jedoch ist es schon ein Unterschied, welche Art von Tageslicht in das Aquarium fällt. Ist es nur diffuses Tageslicht aus Westen oder Norden, so besteht kaum die Gefahr einer Veralgung. Zusätzlich wird dieses Aquarium natürlich noch durch Leuchtstofflampen beleuchtet. Foto: Rolf Killian

solche Leuchten mit höherem Blauanteil bei der Algenentstehung negative Auswirkungen zeigen. Von Dennerle ist eine spezielle Pflanzenleuchtstofflampe erhältlich, die voll auf Pflanzen und nicht auf Algen abgestimmt ist. Mit dieser Trocal-Leuchte haben Sie ein Lichtspektrum, welches ideal für Aquarien ist. Die Trocal-Leuchtstofflampe ermöglicht den guten Wuchs von Aquarienpflanzen, benachteiligt aber durch fehlende Blaustrahlung die Algen. Aber bedenken Sie, daß Licht nur ein Faktor für den Wuchs von Algen und Pflanzen sein kann und wenn Ihre Düngung, Filterung, Wasserpflege, Kohlendioxidgehalt und Sauerstoffgehalt des Aquariums nicht stimmen, dann können Sie mit der richtigen Auswahl von Beleuchtung auch nichts mehr ändern. In den Tropen ändert sich im Laufe des Jahres sowohl die Farbe der Blätter, als auch die Blattdichte der Bäume. Die unter diesem Tropendach wachsenden Pflanzen haben gelernt, sich diesen verschiedenen Lichtbedingungen anzupassen. Bei Versuchen in Aquarien wurde festgestellt, daß auch Aquarienpflanzen sich auf die verschiedenen Lichtfarben einstellen. Allerdings dauert es bis zu sechs Wochen, bis sich die Pflanzen an die neue Lichtfarbe gewöhnt haben.

Eine Beleuchtung mit Leuchtstoffröhren ist immer noch die normale Art, ein solches Aquarium zu beleuchten. Zahlreiche verschiedene Lampenfarben ermöglichen es dem Aquarianer, seine ihm angenehmste Beleuchtungsart zu installieren. Schauen Sie sich einmal im Fachhandel die verschiedensten Leuchtstofflampen an.

War man früher der Meinung daß es richtig wäre, ein Aquarium möglichst hell zu beleuchten, so kommt man heute zu der Erkenntnis, daß diese Aussage nicht stimmt. Es wird dabei nämlich übersehen, daß im natürlichen Oxidations-Reduktions-Gleichgewicht viel Licht auch gleichzeitig ein starker Oxidationsfaktor ist und dadurch Algen fördert. Auf der Gegenseite werden entsprechend starke Reduktionsfaktoren benötigt. So ist es z. B. ideal, wenn man den Pflanzen und Fischen eine Mittagspause gönnt, was bedeutet das vormittags etwa fünf Stunden das Aquarium beleuchtet wird, dann eine Dunkelpause von etwa drei Stunden einsetzt und danach nochmals fünf bis sieben Stunden beleuchtet wird. Während dieser Dunkelpause ist natürlich das Aquarium nicht vollständig abgedunkelt, denn diffuses Raumlicht ist immer vorhanden. Übrigens gewöhnen sich auch die Fische an solche Dunkelphasen, denn die kommen in der Natur bei starken Regenfällen ebenfalls vor. Sie können sich kaum vorstellen, wie dunkel es tagsüber in den Tropen sein kann, wenn es stark regnet. Algen mögen übrigens solche unterschiedlichen Beleuchtungszeiten nicht und reagieren dann darauf mit rückgehendem Wachstum.

HQL-Leuchten können auch ein sehr stimmungsvolles Licht im Aquarium verbreiten, besonders dann, wenn das Aquarium oben offen ist und die Wasseroberfläche teilweise von Schwimmpflanzen abgedeckt wird. So gelangt nur eine wohldosierte Menge an Licht in das Aquarium.

Neben den Leuchtstofflampen setzen sich in der Aquaristik in den letzten Jahren vermehrt Quecksilberdampf-Hochdrucklampen und Halogen-Metalldampflampen durch. Besser bekannt sind diese Lampen den Aquarianern mit der Kurzbezeichnung HQL und HQI. Für unsere Aquarien mit Bepflanzung kommen die HQL-Lampen mit einem Warmton und einem hohen Rotanteil mehr in Frage, als die kälter wirkenden HQI-Lampen. HQI-Lampen haben sich aber sehr stark als ideale Beleuchtungskörper für die Meeresaquaristik durchgesetzt. Angeboten werden solche HQL-Lampen von Osram, Philips, Sylvania und Dennerle.

Die Quecksilberdampf-Leuchten hängen frei über dem Aquarium und so kann das Aquarium oben offen gelassen werden. Nun besteht die Möglichkeit, daß Pflanzen aus dem Aquarium herauswachsen können. Allerdings ist bei Diskusfischen nicht zu unterschätzen, daß diese manchmal unter Schock aus dem Aquarium springen. Zumindest die Ränder des Aquariums sollten durch Glasstege eingesäumt werden, damit ein Herausspringen erschwert wird. Mit Diskusaquarien mit 28°C und mehr, ist das offene Betreiben nicht unproblematisch, denn durch die hohen Wassertemperaturen verdunstet auch entsprechend mehr an Wasser

Oben offene Schauaqarium bieten die Möglichkeit, spezielle Pflanzen aus dem Aquarium herauswachsen zu lassen. Als ideale Beleuchtung sind hier HQL-Leuchten über dem Aquarium angebracht worden. Im Hintergrund zieht sich aus dem Aquarium eine Steinlawine bis an die Zimmerdecke hin. Unter Wasser und über Wasser ist diese Steinformation mit Pflanzen bewachsen. Foto: Helmut Schneider

und dies wird vielleicht nicht gewollt. Selbstverständlich lassen sich aber auch Aquarien mit HQL-Lampen ganz gewöhnlich abdecken. Oft wird bei offenen Aquarien befürchtet, daß durch die Wasserverdunstung eine Aufhärtung des Wassers stattfindet, da jedoch das Wasser im Diskusschauaquarium jede Woche zu etwa 20% gewechselt werden sollte, ist die Gefahr einer solchen Aufhärtung nicht gegeben.

Bis zu einer Aquarienhöhe von 60cm entstehen keine Probleme bei der üblichen Aquarienbeleuchtung. Erst wenn das Aquarium höher gewählt wird, kann es zu einer ungenügenden Lichtversorgung für die Pflanzen kommen. Aquarien mit 70 und 80cm Höhe und dies ist ja bei Schauaquarien schon einmal möglich, wird es mit dem Einsatz von Leuchtstofflampen schon schwierig. Hier sind dann wahrscheinlich Quecksilberdampf-Leuchten vorzuziehen, um eine ausreichende Lichtausbeute zu gewährleisten. Bei der Frage der täglichen Beleuchtungsdauer kann mit einem Beispiel aus den Tropen geantwortet werden. Hier herrscht ziemlich genau 12 Stunden Tag und 12 Stunden Nacht. Eine Beleuchtungsdauer von durchschnittlich 12 Stunden ist also im Aquarium genau richtig. Keinesfalls sollten Sie Ihren Pflanzen zuliebe, eine 12stündige Beleuchtung unterschreiten.

Diskusfische schlafen und reagieren schreckhaft, wenn plötzlich während der Dunkelheit das Licht angeschaltet wird. Es ist deshalb absolut ungünstig, wenn die Aquarienbeleuchtung schlagartig eingeschaltet und es in der Umgebung noch dunkel ist. Ideal wäre es, wenn die diffuse Morgen- und Abenbeleuchtung als Ausgleich benutzt werden könnte. Dies bedeutet, daß z. B. im Sommer bereits frühs um 6 Uhr, das Schauaquarium vom Tageslicht beleuchtet wird. Wenn dann um 8 Uhr die Aquariumbeleuchtung einsetzt, sind die Fische bereits wach und erschrecken nicht mehr. Genauso werden die Fische abends langsam an das Ausschalten des Lichtes gewöhnt. Dies kann entweder im Sommer durch Tageslicht oder im Winter durch ein Raumlicht beeinflußt werden. Inzwischen wird auch an einem perfekten Mondlicht gearbeitet, welches dafür sorgen soll, daß die Diskusfische während der Nacht eine Mondphasenbeleuchtung zur Verfügung haben. In der Meeresaquaristik werden solche Mondphasenbeleuchtungen bereits erfolgreich bei der Zucht von Korallen eingesetzt.

Filterung im Schauaquarium

Die Filterung in einem Schauaquarium muß sich von der Filterung eines Zuchtaquariums oder einer Hälterungsanlage im üblichen Sinne unterscheiden. Ein eingerichtetes bepflanztes Schauaquarium kopiert die Natur. In der Natur wird das Wasser ständig sehr langsam gefiltert. So sickert z. B. Regenwasser durch die verschiedenen Erdschichten und wird somit gefiltert. Bei diesem Sickervorgang wird Sauerstoff entzogen und das Wasser bekommt einen niedrigen Redoxwert. Auf seinem Weg durch den Boden, reichert sich das Oberflächenwasser mit Kohlendioxid an und löst selbstverständlich Mineralien aus dem Boden. Bakterien wandeln Mineralsalze in Pflanzennährstoffe um, die die Wasserpflanzen dann aufnehmen können. Auch im Aquarium wird für einen guten Pflanzenwuchs ein nährstoffreiches, gesundes Wasser benötigt. Dies kann durch eine richtige Filterung erreicht werden. Bisher haben Diskusaquarianer ihre Diskus meist in relativ sterilen Aquarien gepflegt und durch den teilweise dichten Besatz entsprechend stark gefiltert. Bei diesen Aquarien ohne Pflanzenbesatz ist es wichtig, daß von aussen, also durch den Filter Sauerstoff zugefügt wird. Der Sauerstoffeintrag durch schnell laufende Filter mit stark einströmendem Wasserauslauf ist hier also wichtig. In eingerichteten und bepflanzten Aquarien ist es genau umgekehrt. Hier soll kein zusätzlicher Sauerstoff in das Aquarium von aussen gelangen, deshalb sind langsam laufende Filter mit schwacher Ausströmung gefragt. Da Filter aber auch den Schmutz im Aquarium entfernen sollen, können mechanische Schnellfilter mit biologischen Langsamfiltern kombiniert werden. Werden beide Filterarten kombiniert, kommt das biologische Gleichgewicht nicht durcheinander. Oft werden Filter im Aquarium zu groß dimensioniert und bei entsprechendem Teilwasserwechsel, der am besten wöchentlich durch-

Außen- oder Topffilter

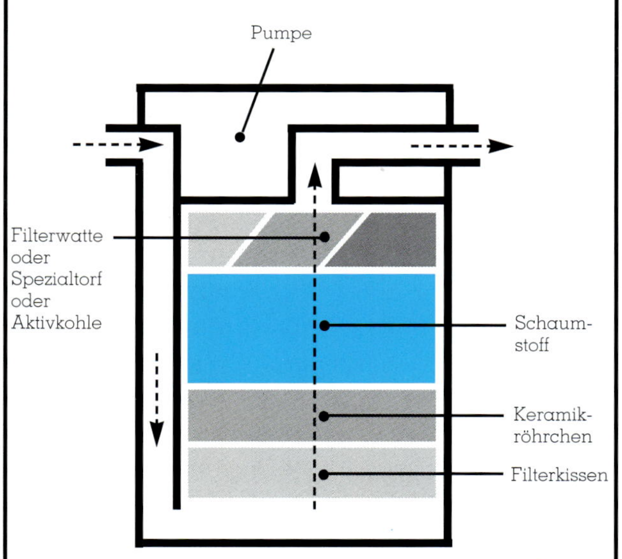

Mehrkammer-Innenfilter

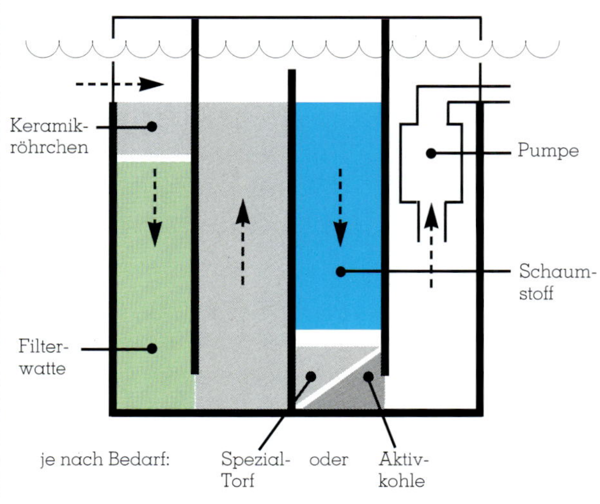

Der Einlauf eines Mehrkammerfilters muß gegen größere Schmutzpartikel geschützt werden. Die erste Lage kann also aus Filterwatte, die regelmäßig ausgetauscht wird, oder aus einem groben Schaumstoffstück bestehen, welches zweimal in der Woche ausgewaschen werden sollte. So wird verhindert, daß gröbere Schmutzpartikel oder Futterreste in die Filterkammern gelangen.

geführt wird, können die Filterkapazitäten auch an der unteren Grenze liegen.

In der Natur gedeihen die meisten Wasserpflanzen in langsam fließenden oder stehenden Gewässern, in stark strudelnden und wild fließenden Bächen werden Sie keine Wasserpflanzen finden. Auch Ihre Algenprobleme lösen Sie nicht durch große und starke Filter, sondern eher durch kleine, schwach aber regelmäßig arbeitende Filtersysteme.

Immer sind Bakterien im Filtersubstrat die Voraussetzung für ein gutes Funktionieren des Filters. Der Aquarianer muß erkennen, daß nicht das Filtermaterial das Wasser reinigt und Schadstoffe abbaut, sondern daß die Bakterien diese Arbeit übernehmen müssen. Deshalb sollen auch niemals komplette Filterreinigungen vorgenommen werden. Nie darf das gesamte Filtersubstrat ausgetauscht oder mit kochendem Wasser überbrüht werden. Auf diesem Wege würden dem Aquarium plötzlich alle nützlichen Filterbakterien entzogen und das frische Filtermaterial könnte erst in einigen Wochen die Reinigung des Wassers wieder übernehmen, da es ja völlig tot und bakterienfrei ist. Es vergehen mehrere Tage und sogar Wochen, bis sich neue Bakterien auf neu eingerichteten Filtern ansiedeln können, erst dann wird der Filter wieder biologisch aktiv. Aus diesem Grund sollte Filtermaterial nur mit leicht lauwarmen Wasser ausgewaschen werden. Dies gilt natürlich ganz besonders für Schaumstoffe, die in Fil-

Bei großen Schauaquarium ist eine entsprechend groß dimensionierte Filteranlage einzuplanen. Jedoch darf man nie den Fehler machen, einen Schnellfilter auszuwählen, der pro Stunde mehr als den Wasserinhalt des Aquariums fördert.

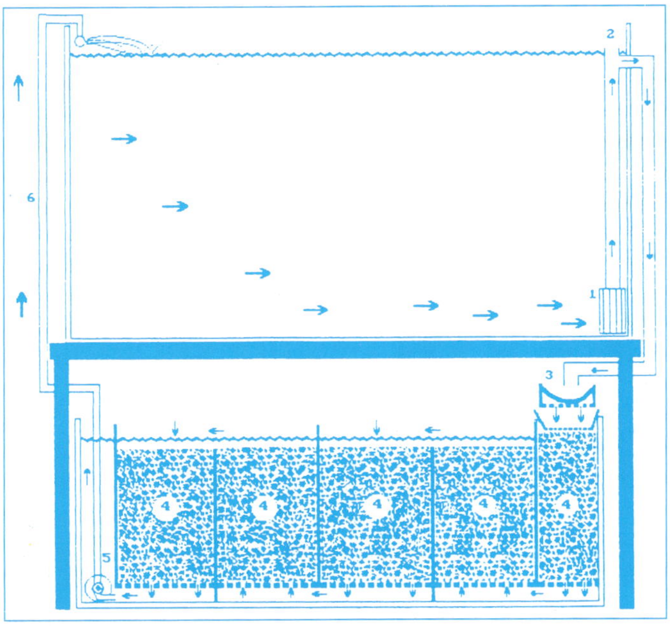

Mehrkammer-Unterfilter

tersystemen eingesetzt werden. Grobe Schmutzteile können durch Vorfilter aus Filterwatte gesammelt und regelmäßig entfernt werden. Kleinere und feine Schmutzpartikel gelangen in die unteren Schichten des Filters und werden dort von den Bakterien umgebaut.

Für ein großes Schauaquarium ließe sich z. B. ein langsam laufender biologischer Filter mit Überlaufschutz unter dem Aquarium anbringen. Dabei kann der Filtereinlauf im Aquarium durch eine kleine Schaumstoffpatrone geschützt werden, so daß Jungfische und auch grobe Schmutzpartikel nicht in das Filtersystem eingezogen werden. Im unter dem Aquarium stehenden Filterbecken befinden sich mehrere Filterkammern, durch die das Wasser laufen muß. Durch entsprechende Bohrungen in den einzelnen Trennwänden der Filterkammern kann das Wasser gezwungen werden, den gesamten Filter zu durchspülen. Das gereinigte Wasser sammelt sich in der letzten Klarwasserkammer und wird dort mit Hilfe einer Pumpe wieder zurück in das Aquarium befördert. Diese Filterart ist bei Diskusaquarianern sehr weit verbreitet. Eine andere Möglichkeit der langsamen Filterung wäre das Einbringen eines Mehrkammer-Innenfilters. Solche Filter mit mehreren Kammern werden in das Aquarium eingeklebt. Dies kann in einer Ecke des hinteren Aquarienteils sein, oder seitlich an einer Seitenwand. Bei einer nicht so groß dimensionierten Pumpe, kann so ebenfalls langsam und schonend gefiltert werden. Zusätz-

Typischer Mehrkammerfilter, wie er gerne unter Aquarien eingebaut wird. Hier läuft das Wasser durch mehrere verschiedene Filterschichten, wobei sehr gerne ein blauer Filterschaum in verschiedenen Bohrungen als Filtermaterial eingesetzt wird.
Foto: Alexander Garwez

lich zu diesen langsam laufenden Filtersystemen kann bei Bedarf ein Aussen- oder Topffilter eingesetzt werden. Auf dem Gebiet der Topffilter hat sich in der letzten Zeit einiges getan und so bietet z. B. Eheim ein völlig neues Filterprogramm an. Diese Topffilter können bei entsprechendem Fischbesatz die Arbeit des Langsamfilters gut unterstützen. In bepflanzten Aquarien soll der Filterauslauf dann so gewählt werden, daß das gefilterte Wasser nicht im hohen Bogen in das Aquarium spritzt und zuviel Sauerstoff einträgt. Selbstverständlich darf ein solcher Filter auch nicht überdimensioniert sein.
Die Filterung im Schauaquarium unterscheidet sich also etwas von der Filterung im Hälterungs- oder Aufzuchtaquarium.

Größere Umkehrosmoseanlage mit Motorpumpe, die den Leitungswasserdruck erheblich vergrößert und somit für eine größere Leistung der Umkehrosmoseanlage sorgt. Die blauen Behälter sind Vorfilter, damit keine Schmutzpartikel und kein Chlor in die Umkehrosmose gelangt.

Muß Wasseraufbereitung sein?

Den meisten Diskusliebhabern steht nur reines Leitungswasser zur Verfügung und dieses Leitungswasser ist oft für die reine Hälterung von Diskusfischen ausreichend. Vorraussetzung wäre jedoch, daß das Wasser nicht zu hart ist. In Verbindung mit Pflanzen, also einem Schauaquarium, wäre es wichtig, daß die Karbonathärte nicht zu hoch ist. Bis zu einer Gesamthärte des Leitungswassers von etwa 10° dGH und einer Karbonathärte unter 8° dKH ist das Leitungswasser für ein solches Schauaquarium in Ordnung. Steigen die Werte jedoch über diese Grenzen an, so ist eine Teilentsalzung oder sogar Vollentsalzung empfehlenswert.

Während wir für die Zucht der Diskusfische extrem weiches Wasser mit niedrigen Härtegraden benötigen, ist bei Pflanzenaquarien etwas Karbonathärte lebenwichtig. Je weicher das Wasser in einem Aquarium jedoch ist, desto instabiler ist es auch, was pH-Wert Schwankungen angeht. Mit 2-4° Karbonathärte reagiert jedoch unser Aquarienwasser recht neutral. Härteres Wasser hat einen viel ausgeglicheneren pH-Wert und neigt nicht zu plötzlichen Schwankungen. In einem Aquarium mit 2-5° Karbonathärte läßt sich der pH-Wert auf ideale Werte um 6,5 einstellen. Ist die Wasserhärte im Aquarium zu hoch, bzw. das Ausgangswasser ungeeignet, weil es zu hart ist, dann bestehen zwei Möglichkeiten, das Wasser zu entsalzen. Zum ersten können Sie einen Ionen-Austausch vornehmen, oder zum zweiten ein Umkehrosmosegerät einsetzen.

Ionen-Austauscher

Zum Ionen-Austausch werden Kunstharzkügelchen verwendet, an welche relativ locker Ionen angelagert sind. Diese Ionen können leicht gegen andere Ionen ausgetauscht werden. Die Kunstharzkügelchen sehen etwa aus wie Sand und müssen aus diesem Grund am besten in ein Kunststoffrohr gefüllt werden. Sie erhalten die verschiedenen Austauscherharze im Fachhandel. In diesem Kunststoffrohr kann dann die Reaktion mit Wasser erfolgen. Fertige Systeme sind erhältlich. Je nach Art des Austausches werden zwei verschiedene Systeme unterschieden. Zum einen der Kationen-Austauscher, der positiv geladene Ionen austauscht. Zum anderen der Anionen-Austauscher, der negativ geladene Ionen austauscht. Stört Sie also nur die sehr hohe Karbonathärte, dann können Sie mit Hilfe eines Kationen-Austauschers wie z. B. Lewatit S 100 in der Natriumform arbeiten. Dieses Enthärtungsharz wird mit Kochsalz regeneriert. Somit ist seine Anwendung sehr einfach. Schwieriger wird es allerdings bei der Vollentsalzung von Wasser, denn um den Leitwert des Wassers sehr stark herabzusetzen, müßten Sie zwei Austauschharze verwenden. Dies könnten z.B. die Harze Lewatit S 100 G 1 und das Harz MP 62 sein. Das Verfahren der Vollentsalzung ist wesentlich umständlicher und langsamer. Bei diesem System muß das Ausgangswasser zuerst durch den stark sauren Kationen-Austauscher laufen, der sämtliche Kationen gegen H-Ionen austauscht. Salze werden somit in entsprechende Säuren umgewandelt. Das Harz Lewatit S 100 G1 ist übrigens ein Idikatorharz, welches durch Farbumschlag seinen Verbrauch anzeigt. Das so extrem säurehaltige Wasser läuft dann durch die zweite Entsalzungssäule mit dem stark basischen Anionen-Austauscher, z. B. Lewatit MP 62. Dieses Harz muß mit 3%iger Natronlauge regeneriert werden. Entsprechende Vorsicht ist angeraten. Jetzt ist das Wasser voll entsalzt und besitzt einen sauren pH-Wert von etwa 5,5, der aber nach dem Austreiben von Kohlendioxid wieder auf etwa pH 7 ansteigt. Durch diese

Ionen-Austauscherharze werden in Kunststoffrohre gefüllt und dort findet dann der Kontakt mit dem Wasser statt und die Ionen werden ausgetauscht. Sobald die Harze erschöpft sind, werden sie regeneriert. Dabei bleiben Sie selbstverständlich im Kunststoffrohr.

Bei jeder Umkehrosmoseanlage sollte möglichst auch ein Aktivkohlefilter vorgeschaltet werden, denn Aktivkohle verhindert, daß Chlorgas in die Umkehrosmoseanlage gelangt und die Membran beschädigt. Hier wurde die Aktivkohle in einen blauen Vorfilter gebracht und neben dem Mehrkammerfilter aufgehängt. Durch einen Bypass kann direkt Umkehrosmosewasser in den Filter gefüllt werden und somit in den Kreislauf der Zuchtanlage.

Entsalzungssäulen darf das Wasser nicht zu schnell durchfließen und so darf in der Minute der Durchfluß nur etwa einen halben Liter Wasser betragen. Wenn die Austauscherharze verbraucht sind und ihre Leistung erschöpft wird, können sie problemlos regeneriert werden. Selbstverständlich müssen Sie beide Harzsorten voneinander getrennt lagern und auch einzeln regenerieren.

Ein Liter Lewatit S 100 G 1 wird mit zwei Litern 10%iger Salzsäure regeneriert. Diese zwei Liter Salzsäure sollen langsam in einem Zeitraum von etwa 20 Minuten durch das Harz laufen. Im Anschluß daran ist die Salzsäure mit mindestens 10 Liter Leitungswasser über einen Zeitraum von weiteren 20 Minuten herauszuspülen. Würde dies nicht getan, käme es zu Todesfällen im Aquarium. Die Vollentsalzung des Aquarienwassers kommt bei dem Betreiben eines Schauaquariums kaum in Frage. Dies wäre nur der Fall, wenn das Leitungswasser extrem hart wäre. In jedem Falle müßte vollentsalztes Wasser mit Leitungswasser verschnitten werden, damit wieder normale Wasserwerte entstehen.

Die Umkehrosmose

Für Aquarianer gibt es leistungsfähige Kleinanlagen, die ein sehr gutes Preis-Leistungsverhältnis aufweisen. Ursprünglich waren diese Kleinanlagen zur Trinkwasseraufbereitung für Selbstversorger gedacht. Insbesondere in Gegenden, wo die Nitratbelastung sehr hoch angestiegen war, konnten diese Umkehrosmoseanlagen die Nitratwerte dramatisch absenken. Kleinanlage arbeiten ohne Motorpumpen und ausschließlich mit Leitungswasserdruck. Bei Leitungswasserdruck wird etwa 20% des durchfließenden Wassers als Reinstwasser, sogenanntes Permeat genutzt. Die übrigen 80% gelangen als „Abfall" ins Abwasser. Natürlich können Sie diese Abwässer für andere Zwecke, wie z. B. für den Einsatz im Garten verwenden. Bei Kauf einer solchen Umkehrosmoseanlage ist es wichtig, daß Sie einen Vorfilter benutzen, der ebenfalls mit angeboten wird, so ist die Lebensdauer der Folien wesentlich länger und kann etwa 4-8 Jahre betragen. Ein Aktivkohlefilter, der vorgeschaltet wird, ist dann ratsam, wenn das Ausgangswasser chlorhaltig ist. Das zu benutzende Permeat ist sehr salzarm und im Prinzip keimfrei. Dieses Wasser ist in etwa destilliertem Wasser gleichzusetzen und kann in dieser Form nicht ausschließlich für Zierfische verwendet werden. Es muß entweder mit etwas Leitungswasser entsprechend verschnitten werden, oder durch Zusätze wie z. B. „Rio Negro Plus" wieder etwas aufgehärtet werden.

Die Aufgabe der Umkehrosmose ist eine deutliche Reduzierung der Wasserhärte, was mit einer Entfernung der Salze einhergeht. Es werden auch Bakterien und Pestizide zurückgehalten. Das Ausgangswasser wird durch eine Umkehrosmoseanlage etwa zu 90% gereinigt und der pH-Wert verringert sich nur geringfügig. Auch das in der Aquaristik unerwünschte Nitrat wird souverän zurückgedrängt. Eisen und andere Spurenelemente können dem Aquarienwasser später gezielt zugesetzt werden, um Pflanzen mit Dünger zu versorgen. Übrigens muß die Membran naß gelagert werden, deshalb immer darauf achten, daß sich im Geräte immer genügend Wasser befindet.

DIE FISCHE

Welche Diskusfische sind geeignet?

Heute gibt es eine Vielzahl an farbigen Diskusfischen, so daß die Auswahl sehr schwierig ist. Gerade die südostasiatischen Diskuszüchter überschwemmen den Markt regelrecht mit neuen Diskusfarbvarianten. Welcher Diskus hiervon besonders gut geeignet für ein Schauaquarium ist, kann so pauschal natürlich nicht beantwortet werden. Zuerst ist einmal zu klären, ob man Diskuswildfänge oder Diskusnachzuchten bevorzugt. Jede Gruppe hat ihre eigenen Reize. Diskuswildfänge sind sicher in der Anfangsphase etwas anspruchsvoller in der Pflege. Auch ist bei Diskuswildfängen unbedingt eine gute Quarantäne einzuhalten. Diskuswildfänge müssen möglicherweise auch vorbeugend zusätzlich auf Krankheiten hin behandelt werden. Diskuswildfänge werden im Aquarium auch nicht problemlos zur Nachzucht schreiten. Diskuswildfänge zum Nachzüchten zu bringen, ist sehr zeitaufwendig und die Voraussetzungen zur Zucht müssen optimal sein. Selbstverständlich können Diskuswildänge auch mit Nachzuchtdiskus zusammen in einem Aquarium gepflegt werden. Alle Arten von Diskusfischen sind untereinander fortpflanzungsfähig und so kann es durchaus einmal passieren, daß ein Diskuswildfang mit einem Nachzuchtdiskus ein Paar bildet und ablaicht.

Wer jedoch nur Zuchtabsichten hat, sollte seine Dis-

Diskuswildfänge zeigen in der Regel nicht die herrlich türkisen Farben, wie Nachzuchtdiskus. Dennoch haben auch Wildfänge ihren Reiz und viele Diskushalter spezialisieren sich heute wieder verstärkt auf Wildfänge. Gerade die braunen Diskusfische mit blauen Flossenrändern wirken sehr kontrastreich in eingerichteten Pflanzenaquarien.

Ein etwas schwieriger zu haltender Diskuswildfang ist der Heckel-Diskus, der aus dem Schwarzwasser des Rio Negro und seinen Nebenflüssen stammt. Dort leben die Fische bei extrem niedrigen pH-Wert und in sehr weichem Wasser. Durch Wasserzusätze und eine entsprechende Torffilterung kann dem Heckel-Diskus ein geeignetes Aquarienwasser geboten werden. Je weicher das Wasser jedoch ist, desto instabiler ist es auch. Somit ist der Heckel-Diskus immer noch ein Diskus für den Spezialisten.

kusfische nicht zur Zucht in ein Schauaquarium setzen, sondern es doch besser in einem entsprechend sterilen Zuchtaquarium versuchen. Die Erfolgsquote ist dort in jedem Falle höher. Meist gelingt die Zucht in einem Schauaquarium mehr zufällig. Die Fische finden zueinander und eines Tages bildet sich ein Pärchen und dann passiert es eben, daß die Fische ablaichen wollen. Doch zur Zucht im Schauaquarium kommen wir später noch einmal.
Am interessantesten an einem Schauaquarium sind natürlich die vielen verschiedenen Farbvarianten an Nachzuchtdiskus. Hier ist die Farbenpallette fast endlos geworden und gekauft wird, was gefällt. Vom Kauf kleinerer Diskusfische ist jedoch abzuraten, denn diese wachsen in einem eingerichteten Schauaquarium nicht immer problemlos zu großen Diskusfischen heran. Junge Diskus benötigen zum heranwachsen mehrere Futtergaben täglich. Dies bereitet im Schauaquarium schon einige Probleme, denn Futterreste, die irgendwo zwischen den

Gegen die kräftigen Türkisfarben der herrlichen Nachzuchttiere, die heute erhältlich sind, verblassen die Wildfänge teilweise. Diese herrlichen Brillant-Türkis-Diskus sind ein absoluter Mittelpunkt für ein jedes Schauaquarium.
Foto: P. Buschhoff

Diskusfische sind Schwarmfische und sie fühlen sich wohler, wenn sie in Gruppen von mehreren Tieren zusammengehalten werden.

In Südostasien werden fantastische Diskusvarianten gezüchtet und immer wieder ist man auf der Suche nach ausgefallenen Farbformen. So wurde dieser Diskus, der ein schlangenhautähnliches Schuppenmuster zeigt, als Snake Skin Discus bezeichnet.

Pflanzen liegen bleiben und verderben, sind schädlich für die Wasserqualität. Auch ein zu hoher Nitratgehalt, wie er manchmal in Schauaquarien vorliegen kann, ist für das Wachstum der kleineren Diskusfische abträglich. So sollte der Nitratgehalt bei der Aufzucht von Jungfischen möglichst unter 50mg Nitrat pro Liter liegen. Jüngere Diskusfische bekommen schnell Wachstumsprobleme, wenn sie erkranken. Selbst wenige Tage einer Krankheit führen dazu, daß die kleinen Diskus nicht mehr optimal wachsen. Solche Wachstumsschäden machen sich dann in mangelnder Körpergröße, einem zu großen Auge im Verhältnis zur Körpergröße oder in einem langgezogenen Körperbau bemerkbar. Diskusfische müssen unbedingt rund sein und diese Körperform muß auch bei jungen Diskus vorhanden sein. Bei größeren Diskusfischen haben Sie einfach die bessere Kontrollmöglichkeit im Aquarium und sicherlich werden Sie auch mehr Freude daran haben. Bevor Sie also 20 kleine Diskusfische in ein Schauaquarium einsetzen, um diese großzuziehen, ist es sinnvoller, sechs oder acht große Diskus zu kaufen und all den Anfangsschwierigkeiten aus dem Wege zu gehen. Die Mindestgröße für Diskusfische für ein Schauaquarium sollte bei etwa 12cm und einem Alter von 8-10 Monaten liegen. Auch beim Kauf von großen Diskusfischen ist es wichtig, genau aufzupassen und gute Fische auszuwählen. Schäden, die bei der Aufzucht und Hälterung durch Menschenhand verursacht wurden, sind später beim neuen Pfleger kaum noch zu regulieren. Ganz wichtig ist es, daß Diskusfische frei von

Sobald die Augengröße im Verhältnis zur Körpergröße nicht mehr stimmt, muß von Wachstumsfehlern ausgegangen werden. Dieser Diskus zeigt ein zu großes Auge und eine etwas zu langgezogene Kopfform.
Foto: Shiraishi

Sicherlich die ideale Größe um Diskusfische für ein Schauaquarium zu erwerben. Mit zu kleinen Fischen hat man mehr Probleme und deshalb sollten nur mindestens 12cm große Diskus für ein Schauaquarium angeschafft werden.

Auch im voll eingerichteten Schauaquarium lassen sich Diskusfische sehr gut pflegen und kontrolliert füttern. Futterreste müssen regelmäßig abgesaugt werden, damit es keine Wasserprobleme gibt. Gesunde Diskusfische sind immer auf der Suche nach Futter und reagieren selbstverständlich mit Interesse auf ihren Pfleger.

Parasiten sind. Sobald Sie das Anzeichen von einem Messerrücken erkennen können, sollten Sie die Finger von diesen Diskus lassen. Unter Messerrücken ist zu verstehen, daß die Kopfpartie, von vorne gesehen, nach innen eingefallen aussieht. Der Kopf muß rund und vollfleischig aussehen. Sind Diskusfische am ganzen Körper dunkel gefärbt und normalisiert sich diese Färbung nicht schnell wieder, dann ist von einem Kauf unbedingt abzuraten, denn wahrscheinlich werden Diskusfische von Parasiten gequält. Meist fressen solche dunkle Diskusfische auch nicht mehr richtig und oft ziehen sie einen schleimigen, weißen Kotfaden hinter sich her. Auch dieser schleimige Kotfaden deutet auf ernsthafte Krankheitsbilder hin. Natürlich lassen sich alle diese Krankheiten bekämpfen, aber der neue Besitzer muß sich bei der Bekämpfung erstens auskennen und zweitens kostet eine solche Krankheitsbekämpfung auch einiges an Medikamenten. Neulingen auf dem Gebiet der Diskuspflege ist hier unbedingt vom Kauf abzuraten. Größere Löcher im Kopfbereich sind ebenfalls Anzeichen einer schweren Lochkrankheit. Ein weiterer Beobachtungspunkt für den Diskuskäufer sind die Kiemen. Gerade Diskusfische leiden gerne an Kiemenwürmern und dann atmen Sie nur einseitig. Steht also ein Diskus im Aquarium und bewegt nur einen Kiemendeckel, so liegt ein Verdacht auf Kiemenwürmer nahe. Auch die überdurchschnittlich schnelle Kiemenatmung kann ein Hinweis auf Kiemenwürmer sein. Kiemenwürmer sind lästige Gesellen und machen den Diskusfischen schwer zu schaffen. Mit einiger Sorgfalt und einem mehrmaligen Medikamenteneinsatz sind Kiemenwürmer zu beseitigen, jedoch ist eine solche Behandlung im eingerichteten Schauaquarium immer sehr problematisch. Deshalb muß an dieser Stelle nochmals dringend darauf hingewiesen werden, daß alle neu gekauften Diskusfische unbedingt einer längeren Quarantäne und einer eventuellen Behandlung unterzogen werden müssen.

Aus dem Aquarium herausfangen, kann man einen Diskus mit der Hand sicherlich nur schwer. Ihn aber aus einer Tüte nach langem Transport mit der Hand zu nehmen, ist eine schonende Möglichkeit. Anschließend wird der Fisch, der ruhig auf der Hand liegen bleibt, vorsichtig in das Aquarium gesetzt.

Ideal wäre es, wenn Sie Ihre neuen Diskusfische beim Verkäufer einmal fressen sehen würden. Diskusfische sind zwar keine extrem gierigen und räuberischen Fische, aber dennoch sollten sie sich für ihr Futter interessieren. Sie fressen langsam, aber kontinuierlich. Wenn sie gesund sind, müßten sie einiges von dem dargebotenem Futter aufnehmen. Natürlich sollten Diskusfische vor einem Transport nicht mehr viel fressen, denn sonst kann es bei längeren Transporten zu einem Verderb des Wassers kommen.

Einsetzen und Fangen der Diskusfische

Wenn Sie sich Diskusfische ausgesucht haben und diese nach Hause transportieren wollen, dann empfiehlt es sich als Transportgefäß Kunststoffbeutel vorzuziehen. Zwar könnten Diskusfische über einen kurzen Weg auch in Eimern mit Deckeln oder in Styroporkisten transportiert werden, doch ist eine Verletzungsgefahr in solchen Behältern immer wesentlich größer. Einzeln in Kunststoffbeuteln transportiert, sind sie weitgehend gefeit gegen Verletzungen. Selbstverständlich müssen Sie mindestens zwei, besser drei Kunststoffbeutel ineinander stellen, damit die Diskusfische die Transportbeutel nicht durchstechen. Unterschätzen Sie hierbei nicht die Kraft von großen Diskusfischen. Zusätzlich kann zwischen dem ersten und zweiten Beutel eine Lage Zeitungspapier eingelegt werden, die ein Durchstechen weitgehend verhindert. Für mehrere Stunden dauernde Transporte müssen die Transportbeutel mit reinem Sauerstoff aufgeblasen werden. So ist ein Ausfall beim Transport weitgehend ausgeschlossen. Wenn Sie mit Ihren Diskusfischen zu Hause ankommen, müssen Sie diese vorsichtig umsetzen. Hat der Transport länger gedauert und die Wassertemperatur im Beutel ist zu stark zurückgefallen, dann müssen Sie die Beutel mit Sauerstoff auf Ihr Aquarium legen, wobei sich dann die Wassertemperatur langsam an die

Aquarientemperatur angleichen wird. Keinesfalls dürfen Sie Ihre Diskusfische für längere Zeit im geöffneten Beutel mit dem alten Wasser stehen lassen. Es käme schnell zu einem Sauerstoffdefizit und die Diskus könnten sterben. Wenn Sie die Beutel geöffnet haben, müssen Sie am besten etwas Frischwasser aus dem Aquarium, in welches die Diskus später eingesetzt werden sollen, zugeben. Bereits nach fünf Minuten können Sie eine weitere Portion Aquarienwasser in den Beutel schütten. So gewöhnen sich die Diskus innerhalb von kurzer Zeit an das neue Aquarienwasser und können dann bereits nach etwa 15 Minuten in das neue Aquarium umgesetzt werden. Sie können jetzt zum einen die Fische direkt mit dem Beutel Wasser in ein großes Netz abgießen und dann ohne Wasser in das Aquarium setzen. Eine andere Möglichkeit wäre, daß Sie die Fische direkt mit der Hand herausheben. Sie glauben gar nicht, wie einfach es ist, Diskusfische mit der flachen Hand seitlich zu nehmen, aus dem Beutel zu heben und ganz ruhig in das Aquarium zu setzen. Nach längeren Transporten kann es vorkommen, daß Diskusfische sehr schlecht im neuen Aquarium stehen. Es kann sogar vorkommen, daß sie flach am Boden liegen bleiben. Geraten Sie jetzt bitte nicht in Panik und lassen Sie die Fische erst einmal in Ruhe. Die Tiere atmen schwer und die Augen treten aus den Höhlen hervor. Sie werden feststellen, daß bereits nach einer Stunde alles anders aussieht in diesem Aquarium und die Diskusfische bereits munter umherschwimmen werden. Große Diskusfische sollten am ersten Tag im neuen Aquarium nicht mehr gefüttert werden. Erst wenn die Tiere zur Ruhe gekommen sind, können sie am nächsten Tag mit dem ganz normalen Aquarienbetrieb beginnen. Versuchen Sie es zuerst mit einem Lieblingsfutter der Diskus, welches Sie bei dem Vorbesitzer erfragt hatten. Wenn Sie allerdings doch kleine Diskusfische erworben haben und diese in ein neues Aquarium einsetzen, werden Sie feststellen, daß so kleine Diskusfische sich sehr schnell an das neue Aquarium gewöhnen und auch sofort wieder mit dem Fressen beginnen.

Nun kann es aber auch einmal vorkommen, daß Sie Ihre Diskusfische aus Ihrem Schauaquarium herausfangen müssen und dies kann ja der Fall sein,

Diskusfische, die mit der Hand aus einem Beutel genommen werden, bleiben völlig ruhig liegen und vielleicht sollten sie es einfach einmal versuchen, Ihre Fische mit der Hand und nicht mit dem Netz herauszunehmen.

Diskusfische dürfen nur mit feinen Netzen aus dem Aquarium gefangen werden, denn sonst kommt es zu Hautverletzungen, die zwar nach einigen Tagen wieder verschwinden.

wenn Sie einen solchen Diskus einmal gegen eine Krankheit behandeln wollen. Große Fische sind eigentlich viel leichter zu fangen als kleine und quirlige Diskusfische. Am einfachsten lassen sich schlafende Diskus fangen. Diskusfische schlafen tatsächlich und wenn die Aquarienbeleuchtung für längere Zeit gelöscht wurde, dann können die großen Diskus problemlos mit vorsichtigen Netzbewegungen herausgehoben werden. Auch morgens, wenn die Beleuchtung gerade erst eingesetzt hat, können Sie die wenig aktiven Diskus gut fangen. Doch sicherlich ist es kein Problem mit einem großen Netz ohne Hast einen Diskus so in die Ecke zu treiben, daß er sich herausfangen läßt. Das ganze sollte aber nicht zu einer unruhigen Fangaktion ausarten, die die Fische nur in Angst versetzt. Für die Schleimhaut der Diskus ist es günstig, wenn das Netz sehr feinmaschig ist. Aus langjähriger Erfahrung kann gesagt werden, daß die üblichen groben Netze schon Verletzungen hervorrufen können. Wenn Sie also die Möglichkeit haben, ein sehr feines, an einen Perlonstrumpf erinnerndes Netz zu kaufen, dann tun Sie das, denn mit solch einem feinen Netz wird Ihr Fisch nicht verletzt.

Der Diskus, ein friedlicher Gesellschaftsfisch

Das Thema dieses Buches lautet „Der Diskus im Schauaquarium". Der Schwerpunkt liegt also auf Schauaquarium und nicht auf der Vergesellschaftung mit anderen Zierfischen. Natürlich läßt es sich in der Praxis nicht vermeiden, daß Aquarianer zusammen mit Diskusfischen auch andere farbenprächtige Zierfische pflegen wollen, um das Aquarium etwas lebhafter zu gestalten. Diskusfische sind ja sehr ruhige Schwimmer und stehen oft sehr bewegungslos zwischen den Pflanzen. Um das ganze etwas aufzulockern, ist es gut möglich, z. B. einen Schwarm von mehreren Dutzend Roter Neons dazuzusetzen, damit immer etwas Bewegung im Aquarium ist. Mit den Neonfischen sind wir schon bei den beliebtesten Aquarienbewohnern, die zusammen mit Diskusfischen gepflegt werden können. Auch Neonfische stammen aus Brasilien, wie unzählig viele andere Salmlerarten ebenfalls. Südamerikanische Salmlerarten sind prädestiniert als Beifische für den Diskus. Salmler sind Schwarmfische und von der Körpergröße her gesehen, relativ klein. So empfiehlt es sich immer, einen größeren Schwarm von Salmlern zu den Diskusfischen zu setzen. Da Schauaquarien ja auch immer eine gewisse Größe besitzen, lassen sich in einem mehrere hundert Liter Wasser fassenden Aquarium auch einige Dutzend Salmler pflegen, ohne zu stören. Da die kleinen Salmler alle sehr friedlich sind, sind sie auch keine direkten Nahrungskonkurrenten für die Diskusfische. Salmler sind schnelle Schwimmer und stürzen sich auf die ihnen dargebotene feine Nahrung. Es wäre also zweckmäßig, die Salmlerschwärme mit sehr feinem Futter gezielt zu füttern und den Diskusfischen ihr Spezialfutter separat zu verabreichen. Welche Salmler Sie auswählen als Beifische für Ihre Diskus, bleibt mehr oder weniger Ihrem Geschmack überlassen. Lassen Sie sich von der Vielfalt, der im Zoofachhandel angebotenen Salmler einfach inspirieren und suchen Sie sich Ihre Fische aus.

Sehr gerne werden auch friedliche Zwergcichliden mit Diskusfischen vergesellschaftet. Angeführt wird die Reihe der Zwergcichliden von den farben-

Diskusfische können mit Skalaren zusammen gehältert werden, jedoch ist es absolut wichtig, die Skalare vorher einer Quarantäne zu unterziehen. Ein Nachteil ist, daß die Diskusfische von den Skalaren sicherlich von den Futterplätzen verdrängt werden. Schauaquarien dieser Qualität erstellt die Firma Amano-Design in Japan und dieses herrliche Foto wurde von Takashi Amano fotografiert.

prächtigen Schmetterlings-Buntbarschen, von denen durchaus einige Pärchen in ein Schauaquarium eingesetzt werden können. Zusätzlich zu Salmlern und Zwergcichliden gesellen sich dann noch einige Welse. Angeführt werden die Welse im Diskusschauaquarium von den friedlichen Panzerwelsen. Die meisten Corydoras- Arten sind bestens geeignet für ein Diskusschauaqaurium , aber auch

Rote Neon sind ideale Beifische für ein Diskusschauaquarium. Sie sind bei Aquarianern sehr beliebt wegen ihrer intensiven Farbe.

Die herrlichen Kirschflecksalmler müssen wie alle Salmler in Schwärmen in ein Aquarium gesetzt werden, damit sie entsprechend zur Geltung kommen. Als typischer Schwarmfisch fühlen sie sich nur in Schwärmen von mindestens zehn Tieren wohl.

Der Schmetterlingsbuntbarsch bildet schnell sein Revier zwischen Moorkienwurzeln, ohne dabei die Diskusfische zu belästigen. Ein oder zwei Pärchen dieser herrlichen Zwergcichliden sollten in keinem größeren Diskusschauaquarium fehlen.

Friedliche Cichliden wie diese Geophagus können zusammen mit Diskusfischen vergesellschaftet werden, jedoch sind sie alle in erster Linie Nahrungskonkurrenten und das darf man als Diskusliebhaber nicht vergessen und nicht unterschätzen.

Diese Diskusfische haben sich schreckhaft zurückgezogen, was aber sicherlich nicht an den Skalaren liegt, sondern mehr an dem Fotografen vor dem Aquarium. Auch hier wird der Versuch gemacht, Diskusfische mit Skalaren zusammen zu pflegen. Bei entsprechender Aufmerksamkeit des Pflegers ist dies gut möglich.

sie sollten in kleinen Schwärmen von 6-10 Stück je Art gehalten werden. Unermüdlich suchen sie den Aquarienboden nach Freßbarem ab und tasten sich dabei mit ihren Barteln über alle Einrichtungsgegenstände. Besonders feiner Sandboden ist für diese Panzerwelse der ideale Bodengrund, denn dann können sie ihre feinen Barteln nicht verletzen. Harnischwelse sind zur Zeit bei Aquarianern sehr beliebte Fische, da in den letzten Jahren die farbenprächtigsten Loricariiden importiert wurden. Allerdings darf man es sich nicht so einfach machen und jeden Harnischwels als geeignet für ein Diskusschauaquarium zu betrachten. In Südamerika sind ihre Lebensbedingungen sehr unterschiedlich und von daher paßt nicht jeder Harnischwels auch in ein Diskusaquarium. Auch ist die teils enorme Größe von Harnischwelsen bei ihrer Auswahl zu berücksichtigen. Bei der Behandlung mit Medikamenten müssen die Welse am besten aus dem Aquarium entfernt werden, denn viele vertragen den Medikamenteneinsatz nicht und es kann schnell zu Todesfällen kommen. Große Welse stellen immer eine Gefahr für Diskusgelege dar und sollte Ihnen die Zucht im Schauaquarium gelingen, dann kann es schnell vorkommen, daß sich Ihr Harnischwels am Gelege der Diskusfische vergreift. Inzwischen weiß man auch, daß Harnischwelse teilweise Nahrungsspezialisten sind und so gehört Holz zu einem ihrer wichtigsten Nahrungsmittel. Sie werden also immer wieder auf Moorkienwurzeln mit ihren spitzen Zähnen herumraspeln und regelrecht auffressen.

Die meisten Harnischwelse sind nachtaktiv und ruhen sich tagsüber in Verstecken aus. Nachts gehen sie dann auf Nahrungssuche und dies ist bei der Fütterung von großen Harnischwelsen schon zu beachten. Selbstverständlich verliert sich im Aquarium etwas dieser Tag-Nacht-Rhytmus und

Panzerwelse im Schauaquarium sind eine reine Freude, denn diese friedlichen Burschen sind unermüdlich auf der Suche nach Freßbaren im Bodenbereich. Sie stören die Diskusfische nur wenig, sollten aber auch in kleinen Schwärmen gehalten werden.

dann kommen die Welse auch tagsüber während der Hauptfütterung zum Vorschein und versuchen ihre Portion Futter zu erhaschen. Wenn Sie Harnischwelse pflegen, dann sollten Sie es sich angewöhnen, ihnen nachts nach Erlöschen der Aquarienbeleuchtung noch ein spezielles Futter zu verabreichen. Sehr beliebt sind für diese Welse auch Futtertabletten, die allerdings jedoch nicht das ausschließliche Hauptfutter sein können. Wenn Sie auf ein Aquarium mit sehr viel Schaupflanzen Wert legen, dann müssen Sie unter Umständen auf so manchen Harnischwels verzichten, denn der eine oder andere vergreift sich schon an Ihren zarten Aquarienpflanzen. Es empfiehlt sich also auch regelmäßig pflanzliche Kost als Futter anzubieten. Überbrühter Salat, Spinat, Kohlblätter und zerquetschte Erbsen sind durchaus als Welsfutter geeignet. Wenn Sie sich sehr für Welsarten interessieren, sollten Sie einen Blick in das „Große Buch der Welse" werfen, denn dann finden Sie sicher Ihren Traumwels.

Auch Skalare werden immer wieder zusammen mit Diskusfischen gehalten und die Argumentation, daß Diskus und Skalare in der Natur ja auch zusammenleben, kann so akzeptiert werden. Im Aquarium sieht es jedoch etwas anders aus, denn die schnellfressenden Skalare schnappen den Diskusfischen die meisten Futterbrocken gierig vor der Nase weg. Dies ist vielleicht das Hauptproblem bei der Vergesellschaftung von Diskus und Skalaren. Wenn die Skalare eine exakte Quarantäne durchlaufen haben, können Sie mit Diskusfischen vergesellschaftet werden. Bitte bedenken Sie aber, daß Sie bei der Fütterung darauf achten müssen, daß auch die langsam fressenden Diskusfische zu ihrem Futter kommen.

Harnischwelse sind zwar keine typischen Algen- und Restefresser, aber dennoch halten diese nachtaktiven Burschen das Aquarium sauber, da sie nachts auch übriggebliebenes Futter aufspüren. Mit ihrem bezahnten Maul raspeln sie auch Holz von den Wurzeln.

Dieses Diskuspaar bewacht sein Gelege, welches am Blatt einer Schwertpflanze abgelegt wurde. Foto: Takashi Amano

PFLEGE UND ZUCHT VON DISKUSFISCHEN

Der kranke Diskus im Schauaquarium

Diskusfische neigen nicht zu mehr Krankheiten als andere Zierfische auch. Wegen ihres hohen Preises erregen Diskusfische jedoch mehr Aufmerksamkeit bei Ihrem Pfleger und somit werden ihre Krankheiten genauestens beobachtet. Um Krankheiten vorzubeugen, ist bei der Auswahl der Fische darauf zu achten, daß diese möglichst mit gutem Gesundheitszustand erworben werden. Nach dem Erwerb ist eine Quarantänebehandlung einzuplanen und dann sind die wichtigsten Voraussetzungen für gesunde Diskusfische schon erfüllt. Meist beginnen die Probleme bei Diskusfischen mit einem deutlichen Dunkelwerden. Beginnen Ihre Fische, sich für längere Zeit dunkel zu färben, dann müssen bei Ihnen die Alarmglocken schrillen. Über Diskuskrankheiten wurden schon ganze Bücher geschrieben und im bede-Verlag sind zwei Standardbände unter dem Titel „Gesunde Diskus und Großcichliden" erhältlich. Dort bekommen Sie fundierte Unterlagen über Krankheitsverhütung und Krankheitsbehandlung. Um aber gar nicht erst Krankheiten im Diskusschauaquarium aufkommen zu lassen, sollten Sie die hier aufgezeigten Regeln beherzigen.

Füttern im Schauaquarium

Diskusfische sind langsame und vorsichtige Fresser. Im bepflanzten Schauaquarium birgt diese Freßgewohnheit einige Probleme. Futter, welches zwischen den Aquarienpflanzen verschwindet und von den Fischen nicht gefunden wird, kann schnell Fäulnisherde entwickeln und dann wird das Wasser durch diese Abfallstoffe belastet.

In der Natur ernähren sich Diskusfische von Süßwassergarnelen, Insektenlarven, Algen aber auch Fruchtsamen. Gerade kleine Süßwassergarnelen spielen eine besondere Rolle bei der Diskusernährung. Diese Garnelen enthalten Algen und anderes pflanzliches Material, was beweist, daß Diskusfische auch unbedingt Pflanzenkost benötigen, um sich wohlzufühlen. Der hohe Carotinoidgehalt

Wichtige Regeln zur Diskuspflege und Krankheitsvorbeugung

1. *Diskusfische möglichst vor dem Kauf genau beobachten und auf Krankheitsmerkmale achten! Soweit dies nicht möglich ist, unbedingt eine Quarantänezeit einplanen.*

2. *Typische Krankheitsmerkmale sind: dunkle Farbe, weiße Kotfäden am Fisch oder im Aquarium, schreckhaftes Herumschießen im Aquarium, Inaktivität, Futterverweigerung, angelegte Kiemendeckel, verbunden mit schnellem Atmen.*

3. *Zwischen neuen Fischen und deren Aquarium keinen Kontakt zu dem Schauaquarium herstellen.*
Geräte und Fangnetze niemals vom Quarantäneaquarium zum Schauaquarium.

4. *Keine Aquarienpflanzen zu den Diskus setzen, die nicht vorher desinfiziert wurden.*

5. *Alle Beifische in Quarantäne setzen und auf Krankheiten kontrollieren.*

6. *Den Fischen immer gute Wasserbedingungen bieten. Regelmäßige Teilwasserwechsel, Filterpflege, Futterreste täglich absaugen*

7. *Hälterungstemperatur mindestens 28 Grad Celsius*

8. *Für ausgeglichene Ernährung sorgen.*

9. *Diskusfische von verschiedenen Verkäufern nicht in Aquarien mischen, sondern separat halten und vor dem Einsetzen ins Schauaquarium in Quarantäne beobachten.*

10. *Nehmen Sie sich für die Diskus etwas Zeit und beobachten Sie diese doch täglich etwas genauer. Schnell werden Sie am Verhalten der Fische feststellen, ob etwas fehlt, oder ob sich die Fische wohlfühlen.*

Der Diskus ist ein wertvoller Fisch, der etwas Aufmerksamkeit verdient!

Mit etwas Geduld und Ausdauer fressen Ihnen Ihre Diskusfische im Schauaquarium auch aus der Hand. Wenn Sie mit dem Lieblingsfutter der Fische vorsichtig in das Aquarium die Hand eintauchen, werden die Diskus ihre Scheu überwinden und auf Sie zuschwimmen. Dieses Erlebnis ist ein besonderer Glücksfall, denn dann können Sie sehen, daß Ihre Fische gesund sind, und daß der Kontakt geschaffen wurde.

Diskusfische erkennen ihren Pfleger und wissen auch genau, wenn eine Fütterung geplant ist. Gesunde Diskus kommen dann schnell zum Futterplatz und stürzen sich gierig auf das Futter.

dieser Garnelen bewirkt eine stärke Färbung der Wildfänge, als dies in der Gefangenschaft mit Ersatzfutter möglich wäre. Eine Zufütterung von Vitaminen und natürlichen Carotinoiden wäre selbstverständlich sehr wirkungsvoll, was die Wuchsfreude und Farbenpracht der Diskusfische betrifft. Spezielle Vitamin- und Carotinoidzusätze lassen sich unter Futtermischungen einmischen und dann ist die Farberhaltung gewährleistet. Futter spielt selbstverständlich eine bedeutende Rolle bei der Gesunderhaltung der Diskusfische. Eine einseitige Fütterung ist abzulehnen. In der Vielseitigkeit liegt ein Rezept für den Erfolg. Versuchen Sie also Ihren Fischen möglichst viele verschiedene Futtermittel anzubieten und machen Sie nicht den Fehler, aus Bequemlichkeit oder sonstigen Gründen, nur ein einziges Futter zu verfüttern.

Diskusfische können mit etwas Ausdauer an fast alle Futtersorten gewöhnt werden. Natürlich muß man etwas Geduld aufwenden, um Fischen ein neues Futter schmackhaft zu machen. Verfüttern Sie neue Futtersorten deshalb meist morgens, wenn die Fische Hunger haben und noch nichts anderes zum Fressen bekamen. Bei ausgewachsenen Diskusfischen kann es immer wieder vorkommen, daß diese für längere Zeit das Futter verweigern. Selbstverständlich kann sich dann ein Krankheit anbahnen, aber es ist durchaus normal, wenn ausgewachsene Diskusfische für einige Tage nichts fressen. Gerade nach dem Umsetzen oder einem längeren Transport oder sonstigen Störungen kann es vorkommen, daß die Fische für einige Zeit die Nahrungsaufnahme verweigern. Mit dem Lieblingsfutter der Diskusfische können Sie diese aber dann vielleicht dazu bewegen, wieder zu fressen.

Diskusfische können auch überfüttert werden und

Im Schauaquarium wird ein Wurzelstock schnell zur beliebten Ablaichstelle für Diskuspaare. Hier beginnt bereits das Weibchen mit der Laichvorbereitung und nimmt Maß, um ihre Eier abzulegen. Dieses Maßnehmen kann auch einige Stunden andauern, ohne daß tatsächlich Eier abgelegt werden. Das Männchen steht bereit, um die abgelegten Eier sofort zu befruchten.
Foto: Takashi Amano

deshalb sollten Sie große Diskusfische täglich vielleicht nur 2-3mal mit kleinen Futterportionen füttern. Gerade im Schauaquarium ist es wichtig, daß nicht nur einmal eine riesige Menge Futter angeboten wird, weil dann die Gefahr des Liegenbleibens einfach zu groß ist. Besser ist es, drei kleine Portionen über den Tag zu verteilen.

Die Verfütterung von Lebendfutter wird immer schwieriger, denn es ist nicht mehr möglich, sich selbst Lebendfutter aus der Natur zu besorgen. Um Ihren Fischen auch den Jagdinstinkt zu vermitteln, können Sie sich aber im gut sortierten Fachgeschäft, Lebendfutter kaufen und von Zeit zu Zeit, Ihren Diskusfischen als besondere Mahlzeit anbieten. Bei der Vergesellschaftung mit anderen Fischen im Schauaquarium sind die Freßgewohnheiten der anderen Bewohner zu berücksichtigen und bei der Fütterung einzuplanen. Wenn Sie also gierig fressende Skalare mit den Diskusfischen pflegen, dann müssen Sie genau beobachten, ob Ihre Diskus auch ausreichend Futter abbekommen. Befinden sich größere Schwärme von Salmlern im Aquarium, dann benötigen diese feines Futter, welches sie gierig im Schwarm schwimmend aufnehmen. Da haben Ihre Diskus kaum eine Chance vom Futter der Salmler etwas abzubekommen. Aus diesem Grund ist es auch ganz gut, wenn Sie Fische pflegen, die in bestimmten Regionen des Aquariums schwimmen. Zum Beispiel Beilbäuche bevorzugen die oberen Wasserregionen, während sich Salmler im Mittelbereich des Aquariums aufhalten. Panzerwelse dagegen sind meistens am Boden zu finden. So läßt sich das Aquarium mit Fischen optisch gleichmäßig bevölkern und die einzelnen Fischgruppen kommen sich dann nicht ins Gehege. Ihre Diskusfische werden es schnell lernen, an einem bestimmten Platz des Aquariums ihr Futter anzunehmen. Sie erkennen den Pfleger und wissen genau was los ist, wenn Sie zur Fütterung schreiten. So können Sie also problemlos und gezielt füttern.

Sehr schön ist hier die Laichröhre des Weibchens zu sehen und somit haben Sie die Möglichkeit, jetzt die Geschlechter Ihrer Diskusfische genau zu bestimmen. Das Weibchen legt immer Eischnüre von 10-20 Eiern ab, die dann sofort vom Männchen befruchtet werden müssen. Danach beginnt das Weibchen erneut mit der Ablage einer weiteren Eischnur. Ein durchschnittliches Gelege besitzt etwa 150-200 Eier. Foto: Manfred Graszies

Die Zucht im Schauaquarium

Wahrscheinlich liegt die Nachzucht von Diskusfischen im Schauaquarium nicht an erster Stelle ihrer Bemühungen, wenn Sie Diskusfische in einem eingerichteten, voll bepflanzten Aquarium pflegen wollen. Doch manchmal ist es einfach so, daß Diskusfische, die sich wohlfühlen, irgendwann zur Zucht schreiten wollen. Selbstverständlich ist dies auch im Schauaquarium der Fall. Voraussetzung für eine erfolgreiche Diskuszucht ist ein gut pflegendes Diskuszuchtpaar. Wenn Sie einen Schwarm von ausgewachsenen Diskusfischen im Aquarium pflegen, werden sich vermutlich Paare zusammenstellen. Die Fische suchen sich einfach ihren geeigneten Partner. Eines Tages werden Sie bemerken, daß sich zwei Fische abzusondern beginnen. Sie werden sich einen Laichplatz suchen und einen Gegenstand im Aquarium auswählen, der zur Ablage der Eier geeignet ist. Dieser Eiablageplatz kann eine Wurzel, ein großes Pflanzenblatt, ein schräg stehender Stein oder im Notfall auch die Aquarienscheibe sein. Diesen Platz verteidigen die beiden Fische jetzt gegenüber ihren Mitbewohnern. Will das Diskuspaar ernsthaft ablaichen, wird es im

Das Gelege wird ständig bewacht und mit den Flossen befäcAhelt. Verpilzte Eier werden meist von den Elterntieren herausgepickt. Foto: Hub Custers

Aquarium einige Unruhe geben, denn die beiden werden die restlichen Fische nicht mehr in die Nähe des Laichplatzes lassen. So kommt es zu kleinen, in der Regel ungefährlichen Rangeleien.
Freuen Sie sich, wenn Ihre Diskufische mit Laichvorbereitungen beginnen, denn dies ist auch ein Zeichen dafür, daß Sie sich wohlfühlen und gesund sind. Also funktioniert Ihr Schauaquarium bestens. Reißen Sie die Fische jetzt aber nicht aus dem Aquarium heraus, um Sie in ein spezielles Zuchtaquarium zu überführen. Lassen Sie sie zumindest einmal im Schauaquarium Eier legen und versuchen, Jungfische aufzuziehen. Eine Geschlechtsbestimmung bei Diskusfischen ist an äußerlichen Merkmalen nicht hundertprozentig durchführbar. Es wäre deshalb günstig, wenn Sie Ihre Fische beim Ablaichen beobachten könnten, um definitiv festzustellen, welcher Fisch das Weibchen und welcher das Männchen ist.
Beginnt das Diskuspaar mit den Ablaichvorbereitungen, beginnen Sie zu balzen, sich gegenseitig anzuschwimmen und dabei zu verneigen. Manchmal stoßen Sie sich auch leicht in die Seite, doch diese Rangeleien sind völlig harmlos. Allerdings werden Sie immer wieder durch die Mitbewohner in ihren Laichvorbereitungen gestört und dies kann dazu führen, daß später Pannen bei dem gesamten Ablaichvorgang vorkommen. So ist es durch-

aus möglich, daß das ständig kämpfende Männchen keine Gelegenheit mehr bekommt, die Eier rechtzeitig zu befruchten, oder daß einer der Fische vielleicht aus Panik die eigenen Eier auffrißt oder sogar die freischwimmenden Larven. Wenn es also mit der Zucht im Schauaquarium nicht klappt, können Sie immer noch zu einem späteren Zeitpunkt, das Pärchen in ein separates Zuchtaquarium überführen, wo die Fische dann ihre absolute Ruhe haben. Vielleicht klappt es ja dann besser mit der Zucht. Je länger die Laichvorbereitungen dauern, desto mehr verändern die Fische ihre Farbe. Besonders im hinteren Körperteil werden Sie dunkler und zeigen die letzten vier bis fünf Streifen besonders kräftig. Hinzu kommt, daß die Diskus den Laichplatz jetzt immer wieder mit dem Maul säubern. Dabei putzen Sie regelrecht die Laichunterlage ab. Deutlich sichtbar wird jetzt auch beim Weibchen, die stark vergrößerte Laichpapille, wohingegen beim Männchen diese Laichpapille wesentlich kleiner ist und spitz zuläuft. Das Putzen der Laichunterlage kann sich über viele Stunden hinziehen und wird von einem kräftigen Körperrütteln der Fische begleitet. Putzen und Rütteln sind typische Laichvorbereitungen und es ist damit zu rechnen, daß in den nächsten Stunden mit dem Ablegen der Eier begonnen wird. Gerne laichen Diskusfische in den Abendstunden ab. Doch im wesentlichen richten Sie sich nach der Wassertemperatur, denn diese beeinflußt ja die Entwicklungszeit der Eier und Larven. So ist immer eingeplant, daß die Larven während der Tageszeit schlüpfen und freischwimmen, damit Sie die Möglichkeit haben, ihre Eltern anzuschwimmen und vom Hautsekret zu fressen. Zur Unterstützung der Zucht könnten Sie in der Nähe des Laichplatzes über dem Schauaquarium ein kleines schwaches Nachtlicht anbringen, damit es die Eltern etwas leichter haben und auch beim Abschalten oder Einschalten des Aquarienlichtes nicht erschrecken.

Die Diskuseltern betreuen ihre Gelege sehr aufmerksam und befächeln die Eier ständig mit den Flossen, damit die Eier nicht verpilzen. Stimmen die Wasserwerte einigermaßen, so werden sich die Diskuseier entwickeln und am zweiten Tag können Sie in den bräunlichen Eiern einen dunklen Kern erkennen. Nach etwa 60 Stunden beginnen die Larven zu schlüpfen. Meist geschieht dies in den Morgenstunden. Die Eltern bewachen auch die Larven und kauen diese regelrecht durch. Dies bedeutet, daß sie die zappelnden Larven von Zeit zu Zeit ins Maul nehmen und wieder ausspucken. Große Gelege können durchaus 200-400 Eier besitzen und so kann es vorkommen, daß Sie später einige hundert Jungfische im Aquarium schwimmen haben. Sobald die Larven beginnen freizuschwimmen, betten die Alttiere diese meistens um. Sie müssen sich also nichts dabei denken, wenn plötzlich die Larven von den Eltern ins Maul genommen werden, um sie an einen anderen Platz zu transportieren. Anfangs versuchen die Eltern die bereits freischwimmenden Jungfische immer wieder an den Ruheplatz zurückzubringen, wo diese mit einem Klebefaden am Kopf haften bleiben. Unermüdlich spüren sie Ausreißer auf und spucken diese zurück in den Pulk zappelnder Larven. Es ist faszinierend die Brutpflege der Diskusfische zu beobachten und sicherlich ist es eines der größten Erlebnisse in der Aquaristik. Im Schauaquarium gibt es wahrscheinlich einige Freßfeinde, die gerne die Eier und Larven der Diskusfische fressen würden. Immer können es die Elterntiere nicht verhindern, daß dies passiert. So können gerade während der Nacht, nachtaktive Welse sich über das Gelege hermachen. Etwa sechs Tage nach der Eiablage beginnen die Larven freizuschwimmen und jetzt setzt ein wichtiger Trieb bei den Jungfischen ein. Sie müssen nun die Elternfische anschwimmen, da sie sich während der ersten Tage ausschließlich vom Hautsekret dieser ernähren können. Die Körperoberfläche der Elterntiere hat sich während der letzten Stunden immer stärker dunkel gefärbt, was auf eine Sekretbildung zurückzuführen ist. Die Nährzellen auf der Oberhaut dienen als erstes Futter für die Jungfische. Der Auslöser zum Anschwimmen der Eltern ist deren dunkle Farbe und ein ständiges Zucken. Die Eltern geben

Ein Diskuspaar bei Füttern der Jungfische. Dabei wechseln sich die Partner immer ab.

Die kleinen Diskusfische suchen immer noch den Kontakt zu ihren Eltern, beginnen aber schon im Aquarium herumzusuchen, um kleine Nahrungspartikel aufzunehmen. Größere Raubfische im Aquarium würden diese kleine Diskus immer noch als Leckerbissen betrachten.

ihren Jungfischen immer wieder Körperzeichen und halten diese im Schwarm zusammen. Bei der Brutpflege wechseln sich beide Partner regelmäßig ab. Schwimmen die Larven die Alttiere korrekt an und konnten diese auch genügend Nährzellen auf der Haut bilden, dann beginnen die kleinen Diskusfische sofort mit dem Abweiden der Haut. Wenn die Diskuszucht im Schauaquarium bis zu diesem Zeitpunkt funktioniert hat, sollte eigentlich nicht mehr viel dazwischen kommen. Selbstverständlich werden sich die Jungfische im Laufe der Zeit immer mehr von ihren Eltern entfernen und auf Futtersuche gehen und dabei vielleicht dem einen oder anderen räuberischen Aquariumgesellen zum Opfer fallen. Alternativ könnten Sie selbstverständlich die Jungfische im Alter von etwa 10 Tagen nach dem Freischwimmen aus dem Aquarium herausfangen und in einem separaten kleinen Aquarium mit gleichen Wasserverhältnissen weiter pflegen. Die Jungfische bekommen als erstes Zusatzfutter ab dem fünften oder sechsten Tag, frisch geschlüpfte Artemianauplien als Futter angeboten. Die Eier dieser Kleinkrebse erhalten Sie im Fachhandel und innerhalb von 24 Stunden können Sie diese Kleinkrebse in Salzwasser ausschlüpfen lassen. Fressen die kleinen Diskusfische diese Kleinkrebse erst einmal gut, ist eine weitere große Hürde in ihrer Aufzucht genommen worden. Die Artemianauplien können Sie mit Hilfe eines Luftschlauches aufsaugen und in die Nähe der Jungfische blasen.
Es ist fantastisch zu beobachten, wie die kleinen Diskusfische während der ersten Tage des Freischwimmens immer in der Nähe ihrer Eltern bleiben. Nur wenige Zentimeter entfernen sie sich von diesen. Sind die kleinen Diskus erst einmal 14 Tage alt geworden, können sie mit den verschiedenesten feinen Futtersorten gefüttert werden.
Wenn Sie die kleinen Diskusfische aus dem Aquarium herausfangen, sollten Sie sie unbedingt in ein kleines Aquarium überführen, welches Sie gut kontrollieren können. In diesem kleinen Aquarium ist regelmäßig ein Teilwasserwechsel durchzuführen, wobei es sogar soweit gehen kann, daß bei größe-

Sollten einmal Diskusfische in Ihrem Schauaquarium ablaichen und Jungfische aufziehen, dann ist Tablettenfutter ein ideales Ergänzungsfutter für die kleinen Diskus zumal es gezielt an der Scheibe befestigt werden kann. So führen die Eltern die Jungfische zur Scheibe und die Kleinen können dann unentwegt an den Tabletten fressen.

ren Jungfischschwärmen ein täglicher Teilwasserwechsel wichtig ist. Während dieses Teilwasserwechsels müssen sämtliche Futterreste mit abgesaugt werden. Dieser Teilwasserwechsel wirkt sich auf das schnelle und gleichmäßige Wachstum der Jungfische aus. Mindestens fünfmal täglich sind die kleinen Diskus zu füttern. Mit steigendem Wachstum müssen Sie die kleinen Diskus dann in ein größeres Aufzuchtaquarium überführen und nach etwa acht bis zehn Wochen haben die kleinen Diskus eine Größe von ca. 5cm erreicht und könnten abgegeben werden.

Ist Ihnen eine solche Aufzucht einmal im Schauaquarium gelungen, werden Sie fasziniert sein, von der Ausstrahlung Ihrer Diskusfische, die diese bei Ihrem Brutverhalten entwickeln. Es gibt wirklich kaum etwas faszinierenderes in der Aquaristik, als diesen Aquarienkönigen bei der Pflege ihrer Jungen zuzusehen.

Jungfische können an jedes Futter gewöhnt werden. Tablettern lassen sich gut vor dem Verfüttern mit Vitaminlösungen tränken. So ist es einfach, die Jungen zusätzlich mit Vitaminen zu versorgen.

Weitere Diskus-Literatur aus dem bede-Verlag

JACK WATTLEYS NEUES DISKUSHANDBUCH

JACK WATTLEY

Der Diskusspezialist Jack Wattley möchte mit diesem Buch seine Erfahrungen mit Diskusfischen an Sie weitergeben. Klassifizierung, Wasserchemie, Fütterung, Diskuskrankheiten und noch vieles mehr wird Ihnen von dem Autor auf 142 Seiten mit 150 Farbfotos nähergebracht. Als international anerkannter Diskusspezialist stellt uns Jack Wattley natürlich auch seine eigenen Lieblinge vor.

ISBN 3-980 1265-5-2

DM 49,80

RATGEBER DISKUSZUCHT

BERND DEGEN

Diskusfische nachzuzüchten ist der große Wunsch aller engagierten Aquarianer. Dieses Buch vermittelt Ihnen alle Profitricks, um zum Erfolg zu gelangen. Erstmals ein Spezialbuch zu diesem Dauerthema. Die informativen Farbabbildungen machen ein Nachvollziehen noch einfacher. Hier noch einige Themen: Beleuchtung, richtiges Wasser, Filterung und vieles mehr wird in diesem preiswerten Ratgeber beschrieben und erläutert.

ISBN 3-927 997-44-7

DM 29,80

DISKUSFISCHE ASIENS

BERND DEGEN

Südostasien entwickelt sich immer mehr zur absoluten Hochburg der Diskuszucht.
Dieses Buch stellt die neuen und natürlich auch die klassischen Diskusfarbschläge vor. Diskusfische von selten gesehener Schönheit werden Sie begeistern.
Informationen über die Zucht dieser herrlichen Fische runden diesen Leckerbissen für alle Diskusfreunde ab.

ISBN 3-927 997-28-5

DM 49,80

DISCUS-ATLAS

BERND DEGEN

Dieser Atlas schafft für Diskusliebhaber auf der ganzen Welt die Möglichkeit in einem einheitlichen Klassifizierungssystem miteinander über Diskusfische zu kommunizieren. Das neue System erleichtert das schnelle Auffinden spezieller Farbvarianten. Durch die zweisprachig erscheinende deutsch/-englische Ausgabe wird dieser Discus-Atlas zum weltweiten Standardwerk für Diskusliebhaber werden.

ISBN 3-927 997-56-0 **DM 98.-**

DAS DISKUSBUCH

BERND DEGEN

Ein umfassendes Standardwerk und ein würdiger Nachfolger für „Das große deutsche Diskusbuch". Nach dem Riesenerfolg des Buches, das in sieben Weltsprachen übersetzt wurde, ist es an der Zeit gewesen, das Buch zu überarbeiten und neu zu gestalten. Es wurde „Das Diskusbuch" daraus.
Auf 128 Seiten wird Ihnen auf eindrucksvolle Weise Sicherheit gegeben, Ihre Lieblinge auch richtig zu pflegen.

ISBN 3-927 997-58-7 **DM 58,-**

ERFOLG MIT DISKUSFISCHEN

BERND DEGEN

Damit Einsteiger in dieses interessante Hobby auch Erfolgserlebnisse bekommen, wurde dieses Buch geschrieben. Es vermittelt ein ausreichendes Wissen, um Diskusfische erfolgreich zu pflegen und sogar nachzuzüchten.
Zahlreiche Einrichtungsvorschläge für Diskusschauaquarien runden dieses Buch ab.
Ein preiswertes Buch mit geballter Information.

ISBN 3-980 1265-1-X **DM 29,80**